Friedrich Nonnenmacher

Personalstand der Lehrer an den deutschen Schulen in

Mittelfranken

am 1. Mai 1867

Friedrich Nonnenmacher

Personalstand der Lehrer an den deutschen Schulen in Mittelfranken
am 1. Mai 1867

ISBN/EAN: 9783743482470

Hergestellt in Europa, USA, Kanada, Australien, Japan

Cover: Foto ©Andreas Hilbeck / pixelio.de

Manufactured and distributed by brebook publishing software
(www.brebook.com)

Friedrich Nonnenmacher

Personalstand der Lehrer an den deutschen Schulen in Mittelfranken

Personal-Stand der Lehrer

an den

deutschen Schulen

in

Mittelfranken

am 1. Mai 1867

enthaltend:

den eigentlichen Personalstand mit dem Gesammteinkommen jeder Schulstelle,
die sämmtlichen Schulamtscandidaten, die Präparandenschulen, die Vorstände
der Fortbildungsconferenzen, dann Orts- und Namenregister.

Mit hoher Regierungsbewilligung aus amtlichen Quellen

zusammengestellt

von

Friedrich Nonnenmacher,

Rechnungs-Revisor.

Ansbach, 1867.

Druck und Verlag der Carl Junge'schen Buchhandlung.

Inhalt.

A. Personalstand der deutschen Schullehrer.

a. Local-Schulcommissionen:

b. Protestantische Distrikts-Schulinspectionen:

B. Verzeichniß der Schulamts=Candidaten.

C. Präparandenschulen 40

D. Conferenzvorstände zur Fortbildung der Schuldienst= Expectanten nach §. 102 des Normativs vom 29. September 1866 . 41

A.
Perſonalſtand der deutſchen Schullehrer.

a. Local-Schulcommiſſionen.

I. Kgl. Local-Schulcommiſſion Ansbach. *)

Stadtſchulen-Referent: kgl. Stadtpfarrer und Kreisſcholarch **Born.**

Nr.	Schulen.	Namen der Lehrer.	Geburtszeit. Jahr.	Tag.	Monat.	Jahr der Anſtellung.	Bemerkungen.
1	Knaben-Oberklaſſe I.	Heuner, Friedrich	1811	21	Dez.	1836	
2	Knaben-Oberklaſſe II.	Leppert, Gottlob	1812	26	März	1835	
3	Knab.-Mittelklaſſe I.	Hilpmann, Johann Lorenz	1825	16	Mai	1854	
4	Knab.-Mittelkl. II.	Panzer, Ferdinand	1820	24	Aug.	1850	
5	Knab.-Elementarkl. I.	Preininger, Leonhard	1834	12	Nov.	1862	
6	Kn.-Elementarkl. II.	Sturm, Paul	1825	30	Aug.	1856	
7	Kn.-Elementarkl. III.	Lober, Karl	1832	17	Oct.	1859	
8	Knab.-Nebenſchule	Matthäus, Karl Chriſtian	1841	26	Jan.	1865	Proviſor.
9	Mädchen-Oberkl. I.	Fleiſchmann, Friedrich	1807	3	Juni	1829	
10	Mädch.-Oberkl. II.	Enderlein, Auguſt	1805	9	Sept.	1830	
11	Mädch.-Mittelkl. I.	Wild, Karl	1810	13	Juli	1841	
12	Mädch.-Mittelkl. II.	Baur, Ludwig	1812	5	Febr.	1837	
13	M.-Elementarkl. I.	Kirchner, Leonhard	1842	4	Jan.	1865	
14	M.-Elementarkl. II.	Weiß, Johann Simon	1827	30	Aug.	1857	
15	M.-Elementarkl. III.	Nachtrab, Leonhard	1838	3	Aug.	1864	
16	Mädch.-Nebenſchule	Eberlein, Friedrich Wilhelm	1838	20	Mai	1864	Proviſor.
17	I. katholiſche Schule	Lieb, Michael	1832	20	März	1860	
18	II. katholiſche Schule	Albrecht, Johann Baptiſt	1811	20	Oct.	1834	
19	Iſraelitiſche Schule	Roſenthaler, Marx	1803	23	März	1829	

*) Anfangsgehalt der Oberlehrer 550 fl., der Mittellehrer 500 fl., der Elementar-
lehrer 450 fl. und vier Quinquennalzulagen von je 50 fl., Gehalt der Proviſoren
300 fl.

II. Kgl. Local-Schulcommission Dinkelsbühl.*)

Stadtschulen = Referent: kgl. Pfarrer und Decan **Pürckhauer.**

Nr.	Schulen.	Namen der Lehrer.	Geburtszeit.			Jahr der Anstellung.	Bemerkungen.
			Jahr.	Tag.	Monat.		

a. Protestantische Schulen.

Nr.	Schulen.	Namen der Lehrer.	Jahr	Tag	Monat	Jahr	
1	Knaben-Oberklasse	Beck, Philipp	1839	25	Sept.	1865	
2	Mädchen-Oberklasse	Hübsch, Andreas	1803	1	Jan.	1822	
3	Knaben-Mittelklasse	Boedler, August	1835	9	Mai	1860	
4	Mädchen-Mittelklasse	Wolff, Christian Wilhelm	1821	17	Juni	1851	
5	Elementarschule I.	Speidel, Georg	1832	2	Aug.	1859	
6	Elementarschule II.	Sommer, Johann Friedrich	1829	25	Nov.	1858	
7	Höhere Bürgerschule	Fick, Johann	1841	2	April	1866	
8	„ „	Botz, Johann August	1835	25	Dez.	1866	

b. Katholische Schulen.

Nr.	Schulen.	Namen der Lehrer.	Jahr	Tag	Monat	Jahr	
9	Knaben-Oberklasse	Eichhorn, Franz	1812	22	Juni	1835	
10	Knaben-Elementarkl.	Komprecht, Joseph Calasanz	1838	1	Dez.	1866	
11	Mädchen-Oberklasse	Wimmer, Theonilla	—	—	—	—	arme Schul- schwestern.
12	Mädchen-Unterklasse	Günther, Eulogia	—	—	—	—	

III. Kgl. Local-Schulcommission Eichstätt.

Stadtschulen = Referent: kgl. Kreisscholarch, Domcapitular und geistlicher Rath **Stockinger.**

Nr.	Schulen.	Namen der Lehrer.	Jahr	Tag	Monat	Jahr	
1	Kathol. Knabenkl. I.	Weinberger, Karl Eugen	1820	24	Nov.	1846	456 fl.
2	„ „ II.	Prager, Martin	1816	23	Oct.	1840	486 fl.
3	„ „ III.	Griesbeck, Joseph	1814	24	Oct.	1841	456 fl.
4	„ „ IV.	Lindner, Peter Ludwig	1818	1	März	1845	496 fl.
5	„ „ V.	Niebel, Theodor	1843	9	Sept.	1866	Provisor.
6	„ „ VI.	Schmidt, Georg	1848	26	Juni	—	Verweser.
7	„ Mädchenkl. I.	Wißmath, Georgia	—	—	—	—	Lehr-
8	„ „ II.	Zech, Gabriela	—	—	—	—	frauen
9	„ „ III.	Zeitler, Hildegard	—	—	—	—	des
10	„ „ IV.	Reuß, Walburga	—	—	—	—	Klosters
11	„ „ V.	Pfeifer, Antonia	—	—	—	—	St.
12	„ „ VI.	Frankenberger, Luitgardis	—	—	—	—	Walburg.
13	„ „ VII.	Schmiedpeter, Wunibalda	—	—	—	—	
14	Protestant. Schule	Fleischmann, Joh. Christian	1830	6	Sept.	1854	400 fl.
15	Seminarschule	Brandmüller, Georg	1846	4	Juni	—	Verweser.
16	Höhere Bürgerschule	Fischer, Joseph	1842	4	Sept.	1864	700 fl.

*) Anfangsgehalt 400 fl. und drei Quinquennalzulagen von je 50 fl., die Lehrer an der höheren Bürgerschule 600 fl.

IV. Kgl. Local-Schulcommission Erlangen. *)

Stadtschulen-Referent: kgl. Pfarrer Dr. Adelberg.

Nr.	Schulen.	Namen der Lehrer.	Geburtszeit. Jahr.	Tag.	Mo-nat.	Jahr der Anstellung.	Bemer-kungen.
		a. Protestantische Schulen.					
1	Altstädt. Kn.schule I.	Hafenrichter, Wilhelm	1835	25	Oct.	1863	
2	„ Kn.schule II.	Fleischmann, Heinrich	1826	16	Nov.	1859	
3	„ Kn.schule III.	Lahner, Joh. Gg. Wilhelm	1834	7	Nov.	1863	
4	„ M.schule I.	Birkner, Heinrich Leonhard	1800	20	März	1821	
5	„ M.schule II.	Paulus, Peter	1831	3	Nov.	1863	
6	„ M.schule III.	Rothgang, Friedr. Wilh. Ernst	1812	29	Febr.	1841	
7	Neustädt.Kn.schule I.	Ludwig, Johann Georg	1796	23	März	1816	
8	„ Kn.schule II.	Löffler, Gg. Edmund Ludwig	1820	6	Sept.	1848	
9	„ Kn.schule III.	Geißler, Gottfried Christoph	1800	1	März	1818	
10	„ M.schule I.	Lutz,* Johann Heinrich	1806	26	Juni	1830	
11	„ M.schule II.	Brunner, Georg	1827	1	März	1858	
12	„ M.schule III.	Meyer, Ludwig	1826	26	Aug.	1861	
13	Knab.-Vorbereit.klasse	Meißner, Friedrich	1839	23	Jan.	1863	Provisor.
14	Mädch.- „ „	Preis, Heinrich	1837	14	Juli	1864	Provisor.

* Silberne Ehrenmünze des Verdienstordens der bayerischen Krone.

b. Katholische Schulen.

| 15 | Ober- u. Mittelklasse | Maier, Andreas | 1809 | 3 | April | 1835 | |
| 16 | Unterklasse | Kasper, Alois | 1821 | 5 | Juli | 1863 | |

V. Kgl. Local-Schulcommission Fürth. **)

Stadtschulen-Referent: kgl. Pfarrer und Distriktsschulinspector Lehmus.

a. Protestantische Schulen.

1	Knab.-Oberkl. I.	Häßner,* Konrad	1792	5	Aug.	1813	
2	Knab.-Oberkl. II.	Birkner, Christian	1826	24	Nov.	1857	
3	Knab.-Mittelkl. I.	Braunstein, Johann Georg	1826	16	Aug.	1859	
4	Knab.-Mittelkl. II.	Heinlein, Karl	1818	17	Nov.	1849	
5	Knab.-Elementarkl. I.	Auernheimer, Karl	1828	6	Febr.	1855	
6	Parallelklasse	Stiefel, Eduard	1830	11	Oct.	1865	
7	Kn.-Elementarkl. II.	Kimmel, Johann Rudolph	1824	18	Juni	1852	
8	Parallelklasse	Holfelder, Johann Georg	1842	1	Dez.	1866	Provisor.
9	Kn.-Elementarkl. III.	Keller, Johann Gabriel	1809	21	Nov.	1842	
10	Knab.-Nebenschule I.	Schuh, Georg	1846	17	Nov.	—	Gehilfe.
11	Knab.-Nebenschule II.	Schramm, Paul	1843	16	Jan.	—	Gehilfe.
12	Mädch.-Oberkl. I.	Schmeißer, Ernst	1823	31	Aug.	1851	

* Goldene Medaille des Verdienstordens der bayer. Krone und Ehrenmünze des Ludwigordens.

---

*) Anfangsgehalt 450 fl. und Gehaltszulagen von 4 zu 4 Jahren mit je 50 fl. bis zu 700 fl.; Provisoren 300 fl.

**) Anfangsgehalt 500 fl. und Quinquennalzulagen bis 800 fl.; Provisoren 350 fl.

Nr.	Schulen.	Namen der Lehrer.	Jahr.	Tag.	Mo-nat.	Jahr der Anstellung.	Bemer-kungen.
13	Mädch.-Oberkl. II.	Höchstetter, Johann Georg	1819	8	März	1845	
14	Mädch.-Mittelkl. I.	Leikauf, August	1824	10	Oct.	1853	
15	Mädch.-Mittelkl. II.	Albrecht, Christian	1841	6	Nov.	1866	
16	M.-Elementarkl. I.	Ohr, Theodor	1834	2	Juni	1863	
17	Parallelklasse	Löhrl, August	1840	4	Juli	1865	
18	M.-Elementarkl. II.	Martini, Adolph	1828	18	Juli	1861	
19	M.-Elementarkl. III.	Hirschmann, Heinrich	1805	6	Juni	1827	
20	Parallelklasse	Rosa, August	1842	28	März	1865	Provisor.
21	M.-Nebenschule I.	Fehlhammer, Ludwig	1842	26	Jan.	1867	Provisor.
22	M.-Nebenschule II.	Rupprecht, Konrad	1840	29	April	1865	Provisor.
	b. Katholische Schulen.						
23	Oberklasse	Jagemann, Georg	1826	20	Mai	1859	
24	Mittelklasse	Käusl, Polycarp	1840	28	Jan.	1865	Provisor.
25	Unterklasse	Kühnell, Georg	1839	16	Sept.	1866	

VI. Local-Schulcommission Nürnberg. *)

a. Protestantische Schulen.

Schulreferent: kgl. Pfarrer Steger.

Sebalder Sprengel.

Nr.	Schulen.	Namen der Lehrer.	Jahr.	Tag.	Monat.	Jahr der Anstellung.	Bemerkungen.
1	Knab.-Oberkl. I.	Frank, Andreas	1810	12	Juni	1840	
2	Knab.-Oberkl. II.	Wagner, Georg Leonhard	1810	17	Dez.	1837	
3	Knab.-Mittelkl. I.	Ruber, * Johann	1797	10	Jan.	1816	
4	Knab.-Mittelkl. II.	Schüller, Joh. Kasp. Leonh.	1815	23	Mai	1843	
5	Knab.-Unterkl. I.	Schienagel, Joh. Christ. Jak.	1823	4	Juni	1855	
6	Knab.-Unterkl. II.	Sigmund, Johann Albrecht	1822	24	Juni	1854	
7	Kn.-Vorbereitungskl.	Pfann, Georg Martin	1818	18	Mai	1846	
8	Mädch.-Oberkl. I.	Leidner, Joh. Georg Heinrich	1802	28	Oct.	1829	
9	Mädch.-Oberkl. II.	Gatterer, Johann Lorenz	1809	13	Juni	1837	
10	Mädch.-Mittelkl. I.	Geiger, Johann Georg	1814	28	Dez.	1844	
11	Mädch.-Mittelkl. II.	Eichhorn, Johann Peter	1820	31	Dez.	1852	
12	Mädch.-Unterkl. I.	Spieß, Karl Heinrich	1813	14	März	1842	
13	Mädch.-Unterkl. II.	Zinkel, Johann Georg	1824	20	Aug.	1855	
14	Parallelklasse	z. Z. erledigt.	—	—	—	—	
15	M.-Vorbereitungskl.	Wagner, Konrad	1803	21	Dez.	1826	
16	Parallelklasse	Böhmländer, Johann Gabriel	1819	19	März	1846	

* Ehrenmünze des Ludwigsordens.

Lorenzer Sprengel.

Nr.	Schulen.	Namen der Lehrer.	Jahr.	Tag.	Monat.	Jahr der Anstellung.	Bemerkungen.
17	Knab.-Oberkl. I.	Bauer, * Johann Friedrich	1797	20	Febr.	1819	
18	Knab.-Oberkl. II.	Bölckel, Michael	1804	4	März	1828	
19	Knab.-Mittelkl. I.	Weigandt, Johann Michael	1814	2	Aug.	1843	
20	Knab.-Mittelkl. II.	Hofmann, Johann Andreas	1823	16	Sept.	1854	
21	Parallelklasse	Schuß, Georg	1841	29	Nov.	1866	Provisor.

* Silberne Ehrenmünze des Verdienstordens der bayer. Krone.

*) Anfangsgehalt 500 fl. und Gehaltszulagen zu je 100 fl. von 3 zu 3 Jahren bis 900 fl.; Provisoren 300 fl.

Nr.	Schulen.	Namen der Lehrer.	Jahr.	Tag.	Monat.	Jahr der Anstellung.	Bemerkungen.
22	Knab.=Unterkl. I.	Schuhmann, * Heinrich	1797	3	Sept.	1816	
23	Knab.=Unterkl. II.	Kühn, Johann Leonhard	1819	29	Dez.	1852	
24	Kn.=Vorbereitungskl.	Eckert, Johann Christian	1824	13	Dez.	1849	
25	Mädch.=Oberkl. I.	Scherer, * Karl Friedrich	1797	25	März	1816	
26	Mädch.=Oberkl. II.	Wolff, Friedrich August	1809	20	Aug.	1834	
27	Mädch.=Mittelkl. I.	Hammer, Wilhelm	1820	20	Juli	1851	
28	Mädch.=Mittelkl. II.	Fuchs, Johann Nikolaus	1827	14	Sept.	1859	
29	Mädch.=Unterkl. I.	Ringler, Johann Georg	1818	5	Febr.	1850	
30	Mädch.=Unterkl. II.	z. Z. erledigt.	—	—	—	—	
31	Parallelklasse	Kobmann, Georg	1826	18	Mai	1853	Provisor.
32	M.=Vorbereitungskl.	Hacker, Thomas	1801	21	März	1824	

* Ehrenmünze des Ludwigordens.

Haller - Präbes'sche Schulen.

Nr.	Schulen.	Namen der Lehrer.	Jahr.	Tag.	Monat.	Jahr der Anstellung.	Bemerkungen.
33	Knab.=Oberkl. I.	Deuerlein, Christoph	1826	29	April	1858	
34	Knab.=Oberkl. II.	Feist, Heinrich	1820	29	Nov.	1852	
35	Knab.=Mittelkl. I.	Braud, Johann Stephan	1833	25	Juli	1862	
36	Knab.=Mittelkl. II.	Freimann, Johann Georg	1804	3	Nov.	1826	
37	Knab.=Unterkl. I.	Wüst, Georg	1834	17	Febr.	1862	
38	Knab.=Unterkl. II.	Fikenscher, Joh. Konr. Friedr.	1837	27	Aug.	1865	
39	Kn.=Vorbereitungskl.	Rupprecht, Johann	1839	23	Sept.	1865	

Rößler'sche Schulen.

Nr.	Schulen.	Namen der Lehrer.	Jahr.	Tag.	Monat.	Jahr der Anstellung.	Bemerkungen.
40	Knab.=Oberklasse	Hirschmann, Georg Nikolaus	1813	9	Sept.	1843	
41	Knab.=Mittelklasse	Walther, Johann	1834	21	Juni	1865	
42	Knab.=Unterklasse	Ludwig, Karl	1828	12	Dez.	1858	
43	Kn.=Vorbereitungskl.	Messerer, Moritz	1835	11	Nov.	1864	

Löbel - Wirth'sche Schulen.

Nr.	Schulen.	Namen der Lehrer.	Jahr.	Tag.	Monat.	Jahr der Anstellung.	Bemerkungen.
44	Mädch.=Oberkl. I.	Baumgärtner, Karl	1815	12	März	1845	
45	Mädch.=Oberkl. II.	Herbst, Johann Lorenz	1817	24	Oct.	1844	
46	Mädch.=Mittelkl. I.	Bauereiß, Joh. Georg Karl	1828	1	März	1858	
47	Mädch.=Mittelkl. II.	z. Z. erledigt.	—	—	—	—	
48	Mädch.=Unterkl. I.	Wettschurek, Matthias	1841	6	Nov.	1865	
49	Mädch.=Unterkl. II.	Herbst, Ludwig	1837	4	Jan.	1865	
50	M.=Vorbereitungskl.	Wolf, Julius	1840	22	Juli	1865	

Rathhaus - Schulen.

Nr.	Schulen.	Namen der Lehrer.	Jahr.	Tag.	Monat.	Jahr der Anstellung.	Bemerkungen.
51	Mädch.=Oberklasse	Mattes, Georg Michael	1829	31	Aug.	1861	
52	Mädch.=Mittelklasse	Krauß, Wilhelm Christian	1828	10	März	1859	
53	Mädch.=Unterklasse	Gutmann, Michael Friedrich	1828	12	Mai	1859	

Höhere Töchterschulen.

Nr.	Schulen.	Namen der Lehrer.	Jahr.	Tag.	Monat.	Jahr der Anstellung.	Bemerkungen.
54	Oberklasse I. u. II.	Emmerling, * Joh. Simon	1794	29	Mai	1814	
55	Mittelklasse I.	Stieglitz, Johann Leonhard	1831	30	Dez.	1861	
56	Parallelklasse	Häupler, Johann Leonhard	1838	30	Juni	1866	Provisor.
57	Mittelklasse II.	Schraber, Johann	1814	15	Oct.	1843	

* Silberne Medaille des Verdienstordens der bayer. Krone und Ehrenmünze des Ludwigordens.

Nr.	Schulen.	Namen der Lehrer.	Geburtszeit.			Jahr der Anstellung.	Bemer-kungen.
			Jahr.	Tag.	Mo-nat.		
58	Unterklasse I.	Aeder, Heinrich	1836	10	Febr.	1861	
59	Parallelklasse	Ringler, Eduard	1838	8	Jan.	1865	
60	Unterklasse II.	Hofmann, Johann Georg	1836	30	Oct.	1863	
61	Parallelklasse	Hochstein, Ernst Heinr. Wilh.	1844	9	April	1867	Provisor.
62	Vorbereitungskl. I.	Emmerling, August	1823	28	Mai	1848	
63	Vorbereitungskl. II.	Heubeck, Johann Simon	1832	27	Jan.	1861	
	Port'sches Töchter-Institut.						
64	Oberklasse	Port, Johann, kgl. Pfarrer	1807	11	Jan.	—	
65	Mittelklasse I.	Häupler, Johann Gottlieb	1810	27	Oct.	1837	
66	Mittelklasse II.	Sebald, Karl Wilhelm	1812	17	Mai	1844	
67	Unterklasse	Methsieber, Friedrich	1829	24	Mai	1856	
68	Elementarklasse I.	Kretter, Georg	1832	24	Dez.	1860	
69	Elementarklasse II.	Reuther, Wilhelm	1834	15	Febr.	1856	
70	Vorbereitungskl. I.	Haußleiter, Karl	1821	9	März	1850	
71	Vorbereitungskl. II.	König, Johann Matthias	1823	21	März	1852	
	Wöhrder Schulen.						
72	Knab.-Oberklasse	Körber, Johann Philipp	1811	10	April	1837	
73	Mädch.-Oberklasse	Scherer, Joh. Georg Simon	1806	28	März	1831	
74	Knab.-Mittelklasse	Lober, Georg	1841	19	Febr.	1865	
75	Mädch.-Mittelklasse	Bachmann, Adolph	1843	1	März	1866	Provisor.
76	Knab.-Unterklasse	Oertel, Johann Heinrich	1838	20	Aug.	1866	
77	Mädch.-Unterklasse	Huß, Joh. Mich. Christian	1836	21	Juli	1864	
78	Vorbereitungsklasse	Berger, Karl	1840	13	Dez.	1865	
	Vorstadt St. Johannis.						
79	Oberklasse	Ostertag, Johann	1804	14	Oct.	1828	
80	Mittelklasse	Blank, Johann Andr. Karl	1825	18	Nov.	1858	
81	Unterklasse	Jäger, Gustav	1830	2	Aug.	1862	
	Vorstadt Tafelhof.						
82	Knab.-Oberklasse	Riedner, Johann Michael	1810	10	Juni	1834	
83	Mädch.-Oberklasse	Burger, Johann	1832	24	Febr.	1863	
84	Mittelklasse	Bleisteiner, Johann	1837	31	Jan.	1863	
85	Parallel-Mittelklasse	Meyer, Georg	1841	12	Dez.	1865	Provisor.
86	Unterklasse	Rosenbauer, Friedrich	1834	24	Dez.	1863	
87	Vorbereitungsklasse	Brunhübner, Johann	1838	14	Sept.	1865	
	Vorstadt Gostenhof.						
88	Oberklasse	Bischoff, Johann Konrad	1801	30	April	1829	
89	Mittelklasse	Hofmann, Christian	1842	6	Jan.	1865	
90	Unterklasse I.	Deinhardt, Heinrich	1812	8	Sept.	1866	Provisor.
91	Unterklasse II.	Heuner, Eugen	1841	21	Nov.	—	Verweser.
92	Vorbereitungsklasse	Schüßler, Christ. Gottfr. Aug.	1810	14	Juli	1834	

— 7 —

Nr.	Schulen.	Namen der Lehrer.	Jahr.	Tag.	Monat.	Jahr der Anstellung.	Bemerkungen.

Schule in Steinbühl.

| 93 | Ober- u. Mittelklasse | Albrecht, Johann Georg | 1808 | 16 | Febr. | 1831 | |
| 94 | Elementarklasse | Popp, Johann Konrad | 1838 | 8 | März | 1865 | |

Aushilfslehrer an den protestantischen Schulen.

| 95 | | Hammer, Wilhelm | 1843 | 27 | März | 1866 | Provisor. |

b. Katholische Schulen.

Schulreferent: kgl. Pfarrer und geistlicher Rath **Burger.**

Knabenschulen.

96	Oberklasse	Schäffer, Leonhard	1823	23	Jan.	1846	
97	Mittelklasse	Vollnhals, Martin	1827	31	Aug.	1859	
98	Unterklasse I.	Simon, Peter	1823	24	Juli	1857	
99	Unterklasse II.	Dennerlein, Franz	1843	17	Juni	1866	Provisor.
100	Vorbereitungsklasse	Becker, Karl	1834	13	Sept.	1865	

Mädchenschulen.

101	Oberklasse	Peter, Franz Xaver	1809	9	Oct.	1842	
102	Mittelklasse	Taufer, Johann	1815	1	Sept.	1850	
103	Unterklasse I.	Ernst, Georg	1830	10	Mai	1858	
104	Unterklasse II.	Deubler, Joseph	1842	10	Juli	1864	

Unterrichts-Institut der englischen Fräulein.

105	Oberklasse	Kratzer, Dominica	—	—	—	—	
106	Mittelklasse	Arnold, Benedicta	—	—	—	—	
107	Unterklasse	Ritzinger, Mathilde	—	—	—	—	
108	Vorbereitungsklasse	Maurer, Helene	—	—	—	—	

VII. Local-Schulcommission Rothenburg o/T. *)

Stadtschulen-Referent: kgl. Stadtpfarrer und Decan Dr. **Mögelin.**

1	Knab.-Oberklasse	Wich, Anton	1805	11	Febr.	1826	
2	Knab.-Mittelklasse	Weinrich, Christian	1839	1	Mai	1864	
3	Knab.-Unterklasse	Wagner, Georg Wilhelm	1802	8	Febr.	1835	
4	Kn.-Vorbereitungskl.	Haag, Johann Georg	1826	5	Nov.	1854	
5	Mädch.-Oberklasse	Görner, Georg Ferdinand	1812	10	Juni	1835	
6	Mädch.-Mittelklasse	Hirschmann, Friedr. Wilh.	1837	25	Febr.	1864	
7	Mädch.-Unterklasse	Giel, Georg Wilh. Ferd.	1841	28	April	1865	
8	M.-Vorbereitungskl.	Kohler, Johann	1833	1	Juli	1860	
9	Schule in Dettwang	Lauer, Johann Konrad	1804	30	Juli	1829	
10	Schule in St. Leonh.	Rohmeder, Anbr. Ferd.	1839	8	Sept.	1866	
11	Katholische Schule	Koch, Alois	1833	15	Jan.	1859	Provisor.

*) Anfangsgehalt 450 fl., Dienstalterszulagen nach 10 und mehr Jahren bis zu 150 fl.

VIII. Local-Schulcommission Schwabach. *)

Stadtschulen-Referent: kgl. Pfarrer Kellner.

Nr.	Schulen.	Namen der Lehrer.	Geburtszeit. Jahr.	Tag.	Monat.	Jahr der Anstellung.	Bemer= kungen.
1	Knab.-Oberklasse	Rubeloberger, Friedrich	1842	8	Sept.	1865	
2	Knab.-Mittelklasse	Kleinauf, Andreas	1835	24	Febr.	1862	
3	Knab.-Unterklasse	Stadelmann, Johann	1843	4	Jan.	1867	
4	Knab.-Vorbereitungs= klasse (z. Z. erledigt)	Gassenmeyer, Johann	1848	23	Febr.	—	Gehilfe.
5	Mädch.-Oberkl. I.	Pflaumer, August Wilhelm	1823	23	Juli	1853	
6	Mädch.-Oberkl. II.	Winkler, Georg	1811	15	Juli	1834	
7	Mädch.-Mittelkl. I.	Wölfel, Christian Friedrich	1809	18	Jan.	1836	
8	Mädch.-Mittelkl. II.	Zimmermann, Georg Adam	1810	5	Juni	1835	
9	Mädch.-Unterklasse	Schlegel, Simon	1815	4	Juli	1841	
10	M.-Vorbereitungskl.	z. Z. erledigt.					Provisorat.
11	Höhere Bürgerschule	Endreß, Johann Emanuel	1806	16	Febr.	1831	
12	Seminarschule	Dürring, Ludwig	1839	4	Aug.	1864	
13	Katholische Schule	Brunner, Peter	1824	10	April	1859	

IX. Local-Schulcommission Weißenburg. **)

Stadtschulen-Referent: kgl. Pfarrer und Senior Sommer.

Nr.	Schulen.	Namen der Lehrer.	Jahr.	Tag.	Monat.	Jahr der Anstellung.	Bemer= kungen.
1	Knab.-Oberklasse	Berger, Karl Friedrich	1806	12	Aug.	1833	654 fl.
2	Mädch.-Oberklasse	Roth, Johann Lorenz	1835	13	Aug.	1865	559 fl.
3	Knab.-Mittelklasse	Stolberg, Julius	1820	24	Mai	1851	351 fl.
4	Mädch.-Mittelklasse	Jsftner, Georg Ludwig	1813	29	Oct.	1842	408 fl.
5	Elementarklasse I.	Roth, Johann Georg	1825	18	Mai	1852	
6	Elementarklasse II.	Preu, Theodor	1840	7	Jan.	—	Verweser.
7	Elementarklasse III.	Vogelhuber, Lorenz	1822	21	März	1851	
8	Schule auf der Wülz= burg	Dinkelmeyer, Joh. Leonh.	1845	23	April	—	Verweser.

*) Anfangsgehalt 350 fl. und Steigerung von 3 zu 3 Dienstjahren um je 50 fl. bis 600 fl.

**) Anfangsgehalt 350 fl. und Quinquennalzulagen von je 50 fl. bis zu 550 fl.

b. Protestantische Distrikts-Schulinspectionen. *)

I. Distrikts-Schulinspection Altdorf.

Distriktsschulinspector: kgl. Pfarrer **Sammüller** in Altdorf.

Nr.	Schulen.	Namen der Lehrer.	Geburtszeit. Jahr.	Tag.	Monat.	Jahr der Anstellung.	Bemer- kungen.
	Altdorf:						
1	Knaben-Oberklasse .	Reif, Johann Andreas	1828	19	Oct.	1852	481 fl.
2	Knaben-Mittelklasse	Strauß, Johann Michael	1818	22	Febr.	1843	507 fl.
3	Knaben-Unterklasse .	Weiß, Christian Johann	1823	26	Juni	1853	450 fl.
4	Mädchen-Oberklasse	Brechtel, Christian Ernst	1819	5	Dez.	1842	657 fl.
5	Mädchen-Mittelklasse	Hauenstein, Konrad	1827	19	Aug.	1854	546 fl.
6	Mädchen-Unterklasse	Beck, Martin	1829	13	Sept.	1860	450 fl.
7	Altenthann . . .	Daul, Octav Camill	1842	2	Febr.	1865	
8	Birnthon	Stengel, Georg	1834	20	April	1865	
9	Burgthann . . .	Anßer, Johann Georg	1827	22	März	1859	
10	Diepersdorf . . .	Reizmann, Peter	1833	14	Aug.	1866	
11	Entenberg, 1. Schule	Buch, Leonhard	1802	15	April	1821	411 fl.
12	„ 2. „	Buch, Michael	1847	22	Sept.	—	Gehilfe.
13	Feucht	Fickenscher, Johann Konrad	1799	25	Aug.	1823	476 fl.
14	Fischbach	Matthäus, Hugo	1837	2	Nov.	1863	352 fl.
15	Grub	Böhm, Johann Wilhelm	1812	27	Dez.	1848	
16	Leimburg, 1. Schule	Leuchner, Franz	1810		—	1839	412 fl.
17	„ 2. „	Rösch, Stephan	1842	14	März	1865	Provisor.
18	Oberferrieden, 1. Sch.	Treubrußt, Johann Leonhard	1802	16	Jan.	1827	483 fl.
19	„ 2. „	Meißner, Heinrich	1842	8	Dez.	—	Gehilfe.
20	Oberlindelburg . .	Alt, Johannes	1840	26	Mai	1865	Provisor.
21	Offenhausen, 1. Sch.	Weber, * Joh. Daniel Friedr.	1791	26	März	1819	433 fl.
		Lacher, Heinrich	1846	4	Nov.	—	Gehilfe.
22	„ 2. „	Goppelt, Leonhard	1847	17	Aug.	—	Gehilfe.
23	Penzenhofen . . .	Lacher, Johann Konrad	1815	24	Juni	1849	356 fl.
24	Püchheim . . .	Grillenberger, Eg. Adam Frd.	1829	19	Juni	1858	382 fl.
25	Rasch (z. Z. erledigt)	Kornber, Michael	1846	19	Juli	—	352 fl. Verweser.
26	Schwarzenbach . .	Rösch, Martin	1820	27	Sept.	1845	
27	Schwarzenbruck . .	Maier, Friedrich	1831	24	Mai	1861	
28	Unterferrieden . .	Hessel, Johann Karl	1819	27	Mai	1851	
29	Weißenbrunn . .	Maurer, Georg Michael	1811	26	Mai	1842	

* Ehrenmünze des Ludwigsordens (diente von 1809—1816 als Fourier in der kgl. Armee).

*) Ist keine Einkommensziffer angegeben, so beträgt dieselbe bei Schulstellen 350 fl., bei Provisoraten 250 fl. und bei Gehilfenstellen 200 fl.

II. Diſtrikts-Schulinspection Ansbach.

Diſtriktsſchulinſpector: kgl. Pfarrer und Kreisſcholarch Dr. **Rabus** in Ansbach.

Nr.	Schulen.	Namen der Lehrer.	Geburtszeit. Jahr	Tag	Monat	Jahr der Anſtellung.	Bemerkungen.
1	Bernhardswinden .	Feuchtenberger, Joh. Adam	1811	27	Juli	1836	353 fl.
2	Brodswinden (zur Zeit erledigt) . . .	Lindner, Johann Wolfgang	1843	10	Juli	—	399 fl. Verweſer.
3	Bruckberg . . .	Mayer, Johann	1832	23	Jan.	1859	
4	Eyb	Huber, Georg Michael	1800	11	Sept.	1823	393 fl.
5	Elpersdorf . . .	Oſter,* Georg Michael	1784	16	Oct.	1813	416 fl.
		Weiß, Friedrich	1841	8	Mai	—	Gehilfe.
6	Flachslanden, 1. Sch.	Prechtelsbauer, Joh. Georg	1812	20	Oct.	1844	418 fl.
7	„ 2. „	Waldshöfer, Johann	1839	17	Juni	1865	Proviſor.
8	Forſt	Schwarzbeck, Joh. Friedr.	1826	10	Dez.	1854	
9	Göttelborf . . .	Rogner, Johann Philipp	1823	4	Mai	1853	
10	Gräfenbuch . . .	zur Zeit erledigt.	—	—	—	—	Proviſorat.
11	Großbreitenbronn .	Stern, Georg	1842	7	Aug.	1865	Proviſor.
12	Großhaslach, 1. Sch.	Kleemann, Johann	1807	2	April	1839	376 fl.
13	„ 2. „	Braun, Georg	1846	31	Aug.	—	Gehilfe.
14	Hennenbach . . .	Haß, Johann Martin	1820	29	Jan.	1851	360 fl.
15	Kleinbaslach . . .	Berger, Georg Michael	1819	4	März	1852	
16	Lehrberg, 1. Schule	Schmidt, Johann Michael	1795	6	Mai	1819	431 fl.
17	„ 2. „	Hammerbacher, Joh. Chriſtian	1845	21	Juni	—	Gehilfe.
18	„ 3. „	Hauer, Erdmann	1845	8	Sept.	—	Gehilfe.
19	Neunkirchen . . .	Meyer, Wilhelm	1827	17	Oct.	1860	
20	Rügland	Meſſerer, Johann	1824	24	Juli	1852	474 fl.
21	Schalkhauſen (z. Zeit erledigt) . . .	Werner, Karl Friedr. Wilh.	1843	19	Dez.	—	Verweſer.
22	Sommersdorf . .	Mayer, Wilhelm	1824	9	Aug.	1851	430 fl.
23	Thann	Wießmeyer, Balthaſar	1841	22	Sept.	1865	
24	Unternbibert . . .	Hußelmann, Joh. Georg	1818	21	Juni	1845	
25	Weſtenberg . . .	Rußler, Joh. Karl David	1822	4	Sept.	1853	357 fl.
26	Warzelden . . .	Oſter, Wolfgang Friedrich	1823	1	Sept.	1857	
27	Weidenbach, 1. Schule	Ludwig, Johann Chriſtian	1798	20	Mai	1828	404 fl.
28	„ 2. „	Schülein, Georg	1843	31	Dez.	1867	Proviſor.
29	Weihenzell . . .	Ströbel, Johann Martin	1800	7	April	1820	379 fl.
30	Wernsbach . . .	Beyerlein, Johann Michael	1808	7	Mai	1835	362 fl.

* Ehrenmünze des Ludwigordens.

III. Diſtrikts-Schulinspection Burghaslach.

Diſtriktsſchulinſpector: kgl. Pfarrer und Decan **Herold** in Burghaslach.

1	Altershauſen . . .	Lauer, Johann Melchior	1831	22	April	1861	
2	Burghaslach, 1. Schule	Strauß, Georg	1830	9	Oct.	1854	453 fl.
3	„ 2. „	Grillenberger, Georg	1846	8	März	—	Gehilfe.
4	„ iſrael. „	Marſchütz, Moſes	1836	10	Juli	1860	
5	Dürrenbuch . . .	Walzer, Ferdinand	1840	15	April	1865	
6	Fütterſee	Treuheit, Michael	1833	10	Oct.	1861	
7	Gleiſſenberg . . .	Geiſt, Georg	1840	22	Mai	1866	

Nr.	Schulen.	Namen der Lehrer.	Jahr.	Tag.	Monat.	Jahr der Anstellung.	Bemerkungen.
8	Kirchrimbach	Vogtherr, Friedrich	1838	27	Sept.	1862	
9	Münchhof	Weiß, Georg Leonhard	1823	19	Jan.	1854	Provisor.
10	Oberhöchstadt	Däschlein, Johann	1828	27	März	1853	
11	Obersteinbach	Singer, Heinrich Ferdinand	1827	17	Juni	1855	
12	Brühl	Hammer, Georg	1841	12	Juni	1867	
13	Rauschenberg	Loos, Georg	1827	18	Febr.	1857	
14	Schnobsenbach	Schubert, Georg Friedrich	1796	19	Juli	1817	353 fl.
		Kolb, Johannes	1848	18	Juni	—	Gehilfe.
15	Schornweisach	Schäfer, Johann	1832	19	Jan.	1863	357 fl.
16	Stierhöfstetten	Kühnreich, Ernst Friedr. Wilh.	1808	4	Juni	1838	
17	Taschendorf	Braun, Johann	1842	30	Juni	1866	
18	Uehlfeld, 1. Schule	Berg, Georg Leonhard	1810	29	Nov.	1837	518 fl.
19	" 2. "	Lupp, Friedrich	1847	2	März	—	Gehilfe.
20	" israel. "	Wormser, Abraham	1823	6	März	1849	
21	Wasserberndorf	Bernreuter,* Johann	1792	16	Juli	1816	

* Ehrenmünze des Ludwigsordens.

IV. Distrikts-Schulinspection Cadolzburg.

Distriktsschulinspector: kgl. Pfarrer **Feuerlein** in Cadolzburg.

Nr.	Schulen.	Namen der Lehrer.	Jahr.	Tag.	Monat.	Jahr der Anstellung.	Bemerkungen.
1	Ammerndorf	Schiller, Johann Georg	1820	20	Juli	1854	
2	Buschschwabach	Gebhardt, Johann Conrad	1825	6	Juni	1852	462 fl.
3	Cadolzburg:						463 fl.
	Knaben-Schule (z. Z. erledigt)	Lober, Georg	1845	9	März	—	Verweser.
4	Mädchen-Schule	Kammermeyer, J. Ernst Wilh.	1807	19	Sept.	1838	461 fl.
5	Elementarschule I.	Hennig, Jakob Friedrich	1841	6	Nov.	1866	Provisor.
6	" II.	Körber, Heinrich	1848	24	Jan.	—	Gehilfe.
	Großhabersdorf:						
7	1. Schule	Dewald, Gg. Aug. Stephan	1813	31	Dez.	1844	409 fl.
8	2. Schule	Matthäus, Eb. Karl Gottfr.	1828	13	Jan.	1858	
9	Keidenzell (z.Z. erleb.)	Seitz, Leonhard	1846	20	Sept.	—	Verweser.
	Langenzenn:						399 fl.
10	Knabenschule	Wolf, Konrad	1808	5	Febr.	1830	651 fl.
11	Mädchenschule	Winter, Joh. Gg. Christoph	1804	30	Nov.	1830	593 fl.
12	Mittelklasse	Endreß, Georg Michael	1814	24	Juli	1845	
13	Elementarschule I.	Ebner, Friedrich	1838	29	April	1865	Provisor.
14	" II.	Vogel, Konrad	1845	23	Febr.	—	Gehilfe.
15	Obermichelbach	Koch, Gg. Heinr. Salomon	1801	27	Oct.	1828	
	Roßstall:						
16	Knabenschule	Haas, Georg Bernhard	1801	13	März	1821	501 fl.
17	Mädchenschule	Ludwig, Johann Friedrich	1800	21	April	1824	480 fl.
18	Knab.-Elementarsch.	Arnold, Friedrich	1845	22	April	—	Gehilfe.
19	Mädch.- " "	Hagenborn, Friedrich	1848	27	Aug.	—	Gehilfe.
20	Seukendorf	Meyer, Gg. Leonh. Wilh. Aug.	1818	20	Aug.	1852	
21	Tuchenbach	Diez, Karl Wilhelm	1807	20	Nov.	1840	
22	Veitsbronn	Bödler, Georg Sebastian	1800	28	Oct.	1830	434 fl.
		Oppel, Konrad	1848	9	Febr.	—	Gehilfe.
23	Zautendorf	Graf, Leonhard	1838	28	Nov.	1864	

V. Diſtrikts-Schulinspection Dinkelsbühl.

Diſtriktsſchulinspector: kgl. Pfarrer **Wolff** in Dinkelsbühl.

Nr.	Schulen.	Namen der Lehrer.	Geburtszeit. Jahr.	Tag.	Monat.	Jahr der Anstellung.	Bemerkungen.
1	Dorfkemmathen . .	Hammelsbacher, Joh. Leonh.	1826	13	Juli	1855	352 fl.
2	Frankenhofen . .	Wiedmann, Mart. Sim. Heinr.	1815	25	Mai	1845	
3	Greifelbach, Proviſorat	Braun, Georg Friedrich	1806	21	Jan.	1843	wirklicher Lehrer.
4	Jllenschwang . .	Diſtel, Friedrich	1831	15	Oct.	1859	
5	Lehengütingen . .	Baum, Johann Mathias	1799	20	Mai	1821	398 fl.
6	Mönchsroth, 1. Schule	Dollhopf, Georg Jakob	1801	12	Jan.	1825	493 fl.
7	„ 2. „	Meyer, Friedrich	1847	27	April	—	Gehilfe.
8	„ israel. „	Braunschweig, Meyer	1806	6	Dez.	1828	
9	Obermichelbach . .	Kreiselmeyer, Joh. Leonhard	1840	29	März	1864	Proviſor.
10	Schopfloch, 1. Schule	Chriſt, Friedrich Johann	1828	27	Mai	1860	431 fl.
11	„ 2. „	Zorn, Karl	1848	6	März	—	Gehilfe.
12	„ 3. „	Hübner, Michael	1847	25	Aug.	—	Gehilfe.
13	Segringen, 1. Schule	Heckel, Wilhelm	1836	30	April	1858	484 fl.
14	„ 2. „	Krauß, Wilhelm	1841	11	Sept.	1864	Proviſor.
15	Siubronn . . .	Busch, Georg Michael	1822	27	Aug.	1851	
16	Untermichelbach (z. 3. erledigt)	Eichner, Michael Friedrich	1844	29	Sept.	—	Verweſer.
17	Beitsweiler . . .	Dollhopf, Auguſt	1839	24	Aug.	1865	
18	Weibelbach . . .	Lederer, Chriſtian Ernſt	1821	16	Juli	1851	443 fl.
19	Meiltingen, 1. Schule	Schwarz, Johann Leonhard	1802	24	Juni	1828	438 fl.
20	„ 2. „	Frühwald, Johann	1841	2	Aug.	1866	Proviſor.
21	Wittelshofen . . .	Trautner, Joh. Heinr. Karl	1814	1	Oct.	1847	396 fl.

VI. Diſtrikts-Schulinspection Einersheim.

Diſtriktsſchulinspector: kgl. Pfarrer **Seybold** in Einersheim.

Nr.	Schulen.	Namen der Lehrer.	Jahr.	Tag.	Monat.	Jahr der Anstellung.	Bemerkungen.
1	Deutenheim . . .	Ganzer, Auguſt	1828	16	Mai	1858	
2	Dornheim, Proviſorat	Eberlein, Auguſt	1841	29	Juni	—	Verweſer.
3	Einersheim . . .	Schillfarth, Heinrich Karl	1824	20	Oct.	1863	436 fl.
4	Ezelheim	Fischer, Johann Adam	1820	2	Mai	1844	
5	Hellmitzheim . . .	Eberlein, Johann Paul	1809	20	Nov.	1833	405 fl.
6	Ingolſtadt . . .	Fischer, Johann Georg	1825	20	März	1858	
7	Ippesheim, 1. Schule	Schneider, Kaspar	1821	8	Jan.	1849	421 fl.
8	„ 2. „	Buſſe, Johann Konrad	1842	8	Jan.	1867	Proviſor.
9	Kraſſolzheim . . .	Knapp, Wolfgang	1833	28	März	1862	
10	Krautoſtheim . . .	Weißbeck, Andreas	1799	7	Oct.	1820	
		Schwarz, Leonhard	1841	17	Dez.	—	Gehilfe.
11	Mönchſondheim . .	Eckerlein, Daniel	1831	21	Nov.	1855	
12	Neuzenheim . . .	Ankelin, Johann Georg	1819	25	März	1845	439 fl.
13	Neundorf	Wibleben, Adolf	1841	30	Aug.	1865	Proviſor.
14	Nordheim	Hiller, Johann Konrad	1795	7	Jan.	1816	420 fl.
		Fink, Michael	1845	7	Juni	—	Gehilfe.
15	Poſſenheim . . .	Nagler, Georg Chriſtoph	1826	21	Febr.	1851	
16	Reusch	Geiersbach, Karl Fridolin	1810	10	Juni	1835	373 fl.
17	Weigenheim . . .	Schneider, Johann Chriſtoph	1787	26	März	1812	359 fl.
		Steinmetz, Leonhard	1841	6	Aug.	—	Gehilfe.
18	Ziegenbach . . .	Rüttiger, Kaspar	1831	27	Oct.	1859	

VII. Distrikts-Schulinspection Erlangen.

Distriktsschulinspector: kgl. Pfarrer **Wunderer** in Erlangen.

Nr.	Schulen.	Namen der Lehrer.	Jahr.	Tag.	Monat.	Jahr der Anstellung.	Bemerkungen.
1	Baiersdorf, 1. Schule (z. Z. erledigt) .	Buckel, Karl	1847	15	Jan.	—	668 fl. Verweser.
2	„ 2. „	Hartmann, Joh. Georg	1818	3	Nov.	1845	465 fl.
3	„ 3. „	z. Z. noch nicht eröffnet.	—	—	—	—	—
4	„ israel. „	z. Z. erledigt.	—	—	—	—	—
5	Brand	Rost, Michael	1826	17	Mai	1854	352 fl.
6	Bruck, 1. Schule .	Schmidt, Joh. Friedr. Aug.	1801	5	Aug.	1829	491 fl.
7	„ 2. „	Schramm, Alexander	1843	11	Febr.	—	Gehilfe.
8	Eltersdorf . . .	Hoffmann, Johann Christian	1811	4	Oct.	1839	415 fl.
9	Eschenau	Kees, Johann Christoph	1812	12	März	1835	453 fl.
10	Forth	Schall, Johann Georg	1833	17	März	1862	
11	„ israel. Schule	Eismann, Hirsch	1804	15	Febr.	1828	
12	Frauenaurach . .	Meyer,* Georg Adam	1792	14	Mai	1812	373 fl.
13	Heroldsberg, 1. Sch.	Hammer, Konrad	1806	24	Nov.	1831	356 fl.
14	„ 2. „	Linnert, Georg	1848	26	März	—	Gehilfe.
15	Kalchreuth, 1. Schule	Kohl, Johann	1804	12	Sept.	1835	455 fl.
16	„ 2. „	Wölffel, Karl	1838	24	Dez.	1867	
17	„ 3. „	Schärtel, Joseph	1846	29	Oct.	—	Gehilfe.
18	Kriegenbrunn . .	Leuthel, Joh. Leonhard	1817	14	Jan.	1848	
19	Möhrendorf, 1. Sch.	Hemmeter, Joh. Leonhard	1812	22	Dez.	1841	457 fl.
20	„ 2. „	Schmidfüller, Joh. Moritz	1845	25	März	—	Gehilfe.
21	Tennenlohe . . .	Neumeister, Johann David	1806	18	Febr.	1828	
22	Uttenreuth, 1. Schule	Saegmüller, Joh. Leonhard	1812	7	Sept.	1844	453 fl.
23	„ 2. „	Vogel, Georg Max	1843	29	Juli	—	Gehilfe.

* Ehrenmünze des Ludwigsordens.

VIII. Distrikts-Schulinspection Erlbach.

Distriktsschulinspector: kgl. Pfarrer und Decan **Bischoff** in Mkt. Erlbach.

Nr.	Schulen.	Namen der Lehrer.	Jahr.	Tag.	Monat.	Jahr der Anstellung.	Bemerkungen.
1	Brunn	Falch, August	1840	21	Oct.	1864	393 fl.
2	Buchen	Rüger, Christian	1826	25	Dez.	1854	
3	Dietenhofen, 1. Sch.	Schäblen, Georg Leonhard	1810	3	Jan.	1841	564 fl.
4	„ 2. „	z. Z. erledigt.	—	—	—	—	
5	Dürrnbuch . . .	Weißmann, Georg	1833	12	Febr.	1861	
6	Emskirchen, 1. Schule	Matthäus, Heinr. Stephan	1801	27	Febr.	1821	515 fl.
		Matthäus, Paulus	1844	21	April	—	Gehilfe.
7	„ 2. „	Fischer, Friedrich	1836	14	Oct.	1864	356 fl.
8	„ 3. „	Rudolphi, Karl	1842	15	März	—	Gehilfe.
9	Erlbach, 1. Schule	Kolb, Johann Friedrich	1818	17	Mai	1847	527 fl.
10	„ 2. „	Dannenbauer, Joh. Friedr.	1823	20	Oct.	1854	
11	„ 3. „	Hammer, Wilh. Ludwig	1830	30	Nov.	1862	
12	„ israel. „	Ochsemann, Nathan	1814	14	März	1838	362 fl.
13	Hagenbüchach . .	Dannenbauer, Ludwig	1831	2	Sept.	1861	
14	Hirschneuses . . .	Stengel, Karl	1834	20	April	1865	
15	Jobstgreuth . . .	Heyer, Johann Christian	1825	10	Febr.	1854	
	Kirchfarrnbach:						
16	1. Schule . . .	Graf, Johann Jakob	1810	25	Juli	1836	410 fl.
17	2. „ . . .	Meyer, Emanuel	1846	27	Dez.	—	Gehilfe.

Nr.	Schulen.	Namen der Lehrer.	Jahr.	Tag.	Monat.	Jahr der Anstellung.	Bemerkungen.
18	Kirchfembach . .	Vogel, Johann Georg	1823	26	Dez.	1850	
19	Laubendorf . . .	Eponsel, Johann Wolfgang	1825	19	Febr.	1854	
20	Linden	Oster, Johann Adam	1828	3	Sept.	1859	
21	Reibhardswinden .	Sebald, Friedrich	1830	10	April	1856	
22	Neuhof, 1. Schule	Vogtherr, Georg Sigmund	1803	12	Jan.	1830	518 fl.
23	„ 2. „	Schilffarth, Ludwig	1844	25	Aug.	—	Gehilfe.
24	Oberfelbbrecht . .	Schmib, Georg	1837	19	Mai	1866	
25	Seubersdorf . . .	Alt, Friedr. Wg. Mich. Christ.	1838	15	Mai	1863	
26	Trautskirchen, 1. Sch.	Salfner, Johann Martin	1799	10	Nov.	1820	509 fl.
27	„ „ 2. „	Neubauer, Friedrich	1846	24	Jan.	—	Gehilfe.
28	Wilhelmsdorf	Robn, Joh. Sebald Eugen	1825	26	Jan.	1860	377 fl.
29	Wilhermsdorf, 1. Sch.	Kleinlein, Johann Paul	1807	29	März	1836	505 fl.
30	„ 2. „	Gundel, Joh. Georg Konr.	1816	8	Mai	1848	
31	„ israel. „	Heiligenbrunn, Heß	1796	16	Mai	1828	

IX. Diftrikts-Schulinspection Feuchtwangen.

Diftriktsschulinspector: kgl. Kirchenrath u. Decan **Meinel** in Feuchtwangen.

Nr.	Schulen.	Namen der Lehrer.	Jahr.	Tag.	Monat.	Jahr der Anstellung.	Bemerkungen.
1	Banzenweiler . .	Grötsch, Georg	1832	17	Juli	1861	
2	Breitenau, 1. Schule	Bomhard, Johann	1820	20	März	1849	426 fl.
3	„ 2. „	Bomhard, Theodor	1843	16	Juli	—	Gehilfe.
	Dentlein am Forst:						
4	1. Schule . . .	Schwarz, Johann Georg	1805	23	Aug.	1841	434 fl.
5	2. „ . . .	Ebert, Georg	1845	31	Juli	—	Gehilfe.
6	Dombühl	Kühn, Gabriel	1818	26	April	1819	
7	Dorfgütingen . .	Bühler, Joh. Matth.	1821	13	Febr.	1859	
	Feuchtwangen:						
8	Knaben-Oberklasse	Käppel, Joh. Leonhard	1801	21	Jan.	1826	575 fl.
9	Mädchen-Oberklasse	Hauser, Joh. Karl Gottlieb	1822	30	Oct.	1847	543 fl.
10	Knaben-Mittelklasse	Fikenscher, Karl	1840	29	Jan.	1863	Provisor.
11	Mädch.-Mittelklasse	Wörner, Martin Wilhelm	1829	14	Juli	1857	450 fl.
12	Elementarschule .	Huber, August	1826	25	Aug.	1856	450 fl.
13	Stadtlandschule .	Memmert, Ferdinand	1804	21	Nov.	1829	474 fl.
14	Haundorf . . .	Roth, Ferdinand	1834	28	Sept.	1863	
15	Krapfenau . . .	Heller, Ernst Albert	1822	28	Oct.	1853	
16	Larrieben	Hammer, Friedr. Wilhelm	1818	25	April	1848	
17	Mossbach, 1. Schule	Schmidt, Joh. Leonh. Phil.	1799	28	März	1828	
18	„ 2. „	Kipfmüller, Georg	1846	2	Juni	—	Gehilfe.
19	Oberahorn . . .	Bayer, Adolar	1839	14	Febr.	1864	
20	Oberampfrach . .	Baum, Wilhelm	1829	23	Nov.	1860	
21	Oberschönbronn .	Schmidt, Christian	1839	8	Mai	1865	Provisor.
22	Schnellborf . . .	Salfner, Georg Friedrich	1828	15	Sept.	1858	
23	Kloster Sulz . .	Baumgärtner, Joh. Ludwig	1823	28	Mai	1849	388 fl.
24	Tauberschallbach .	Kipf, Simon	1832	7	Nov.	1859	
	Unterampfrach:						
25	1. Schule . . .	Senß, Ludwig	1823	7	Mai	1852	
26	2. „ . . .	Gehilfenstelle, z. Z. unbesetzt.	—	—	—	—	
27	Wieseth, 1. Schule	Schurig, Wilhelm Ludwig	1815	6	März	1847	482 fl.
28	„ 2. „	Kern, Johann Georg	1846	20	Dez.	—	Gehilfe.
29	„ 3. „	Beck, Friedrich	1847	3	Oct.	—	Gehilfe.
30	Wilbenholz	Fleichaus, Johann Michael	1828	11	Jan.	1856	354 fl.

X. Diſtrikts-Schulinſpection Gunzenhauſen.

Diſtriktsſchulinſpector: kgl. Pfarrer **Frobenius** in Stetten.

Nr.	Schulen.	Namen der Lehrer.	Geburtszeit Jahr	Tag	Monat	Jahr der Anſtellung	Bemerkungen.
1	Absberg ...	Braunecker, Georg Michael	1822	10	Nov.	1853	
2	Aha	Lechner, Georg Kaſpar	1805	16	Jan.	1849	
3	Altenmuhr ...	Kolb, Johann Georg	1817	14	Sept.	1840	
4	„ iſrael. Schule	Seligsberger, Phineas	1827	11	Nov.	1848	
5	Dornhauſen ...	Scherer, Georg Leonhard	1825	26	März	1853	
6	Frickenfelden ...	z. Z. erledigt.	—	—	—	—	
	Gräfensteinberg:						
7	1. Schule ...	Hoffmann, Joh. Friedrich	1815	17	Oct.	1844	
8	2. „ Proviſorat	Autenrieth, Wilhelm	1842	28	Mai	—	Verweſer.
	Gunzenhauſen:						
9	Knaben-Oberklaſſe	Krauß, Georg Wilhelm	1801	20	Jan.	1823	623 fl.
-		Beyer, Friedrich	1846	3	Jan.	—	Gehilfe.
10	Knaben-Mittelklaſſe	Seebald,* Georg Wilhelm	1791	29	Juli	1813	450 fl.
		Lechler, Wilhelm	1818	31	Jan.	—	Gehilfe.
11	Mädchen-Oberklaſſe	Lebner,* Friedrich	1797	27	Febr.	1812	484 fl.
12	Mädch.-Mittelklaſſe	Rittelmeyer, Karl Friedr.	1812	28	Juli	1840	450 fl.
13	Elementarſchule I.	Barthel, Chriſtian	1839	14	Mai	1865	Proviſor.
14	Elementarſchule II.	Lechner, Wilhelm	1841	19	Nov.	1865	Proviſor.
15	Iſraelitiſche Schule	Frank, Eiſenmann	1829	28	Mai	1855	450 fl.
16	Haundorf ...	Käppel, Ed. Mart. Wilh.	1834	11	Mai	1862	
17	Hirſchlach ...	Lang, Johann Leonhard	1826	13	Nov.	1857	Proviſor.
18	Kalbenſteinberg ..	Treiber, Karl	1836	14	April	1864	
19	Laubenzedel ...	Schöppach, Johann Adam	1817	16	Dez.	1852	
20	Merkendorf, 1. Schule	Albrecht, Karl Friedrich	1813	17	März	1843	356 fl.
21	„ 2. „	Salſner, Karl	1846	16	Jan.	—	Gehilfe.
22	Neuenmuhr ...	Helmreich, Johann	1840	28	Jan.	1866	Proviſor.
23	Oberasbach ...	Kugler, Johann Leonhard	1823	2	Jan.	1849	
24	Pflaumfeld ...	Scherzer, Georg Michael	1822	8	Febr.	1855	
25	Pfofeld	Wendler, Joh. Gg. Philipp	1805	15	März	1828	
26	Sauſenhofen, z.Z. erl.	Strebel, Leonhard	1845	9	Dez.	—	Verweſer.
27	Stetten	Ruyter, Karl Friedrich	1826	31	Mai	1856	
28	Thannhauſen ..	Böttler, Friedrich	1830	16	Febr.	1859	
29	Theilenhofen ..	Singer, Johann Georg	1823	17	Febr.	1815	
30	Unterasbach ...	Bauerreiß, Karl	1835	2	Nov.	1863	Proviſor.
31	Unterwurmbach ..	Mößner, Georg Michael	1822	5	Sept.	1850	
32	Wachſtein	Weichſelfelder, Paul	1834	19	Jan.	1862	
33	Wald	Salſner, Johann Gottlieb	1810	3	Nov.	1839	352 fl.

* Ehrenmünze des Ludwigsordens.

XI. Diſtrikts-Schulinſpection Heidenheim.

Diſtriktsſchulinſpector: kgl. Pfarrer u. Decan **Bauerreiß** in Dittenheim.

Nr.	Schulen.	Namen der Lehrer.	Jahr	Tag	Monat	Jahr der Anſtellung
1	Auernheim ...	Seiler, Johann Jakob	1808	20	Jan.	1841
2	Berolzheim, 1. Schule	Meyer, Johann Georg	1800	16	Nov.	1824
3	„ 2. „	Gehilfenſtelle, z. Z. unbeſetzt.	—	—	—	—
4	Degersheim ...	Oberdorfer, Guſtav Adolph	1828	20	Juli	1856

Nr.	Schulen.	Namen der Lehrer.	Geburtszeit. Jahr	Tag	Monat	Jahr der Anstellung.	Bemerkungen.
5	Dittenheim ...	Böttler, Georg Simon	1804	29	Oct.	1828	393 fl.
6	Döckingen ...	Luß, Johann Martin	1801	27	Jan.	1826	377 fl.
		Böttler, Georg	1844	4	Febr.	—	Gehilfe.
7	Hechlingen, 1. Schule	Spaße, Johann Michael	1804	8	Aug.	1832	442 fl.
8	„ 2. „	Brather, Leonhard	1844	23	Dez.	—	Gehilfe.
	Heidenheim:						
9	Knabenschule ..	Frieß, Johann Leonhard	1796	8	Oct.	1817	535 fl.
10	Mädchenschule ..	Andreae, Georg Andreas	1808	6	Oct.	1834	
11	Gehilfenstelle ..	zur Zeit unbesetzt.	—	—	—	—	
12	Israelitische Schule	Hausmann, David	1802	28	Sept.	1828	
13	Hohentrübingen..	Ganzer, Johann Georg	1818	14	Dez.	1851	
		Merkel, Johann	1847	1	Mai		Gehilfe.
14	Hüssingen ...	Reuter, Georg Leonhard	1829	8	Nov.	1855	
15	Kurzenaltheim ..	Weinländer, Friedrich Christ.	1833	3	März	1865	
16	Mainheim ...	Süß, Georg	1825	16	Febr.	1856	406 fl.
17	Oberheumödern..	Bachmann, Karl	1837	21	März	1865	Provisor.
18	Ostheim	Spreidel, Georg Matthäus	1802	8	März	1821	
19	Polsingen ...	Lechner, Heinrich	1817	17	Dez.	1846	
20	Sammenheim ..	Mezger, Johann Georg	1795	19	Juni	1818	
		Hauerlein, Christian	1847	9	Juli	—	Gehilfe.
21	Steinhard ...	Reiger, Georg Friedrich	1793	29	Oct.	1835	
		Riedel, Heinrich	1847	10	Dez.	—	Gehilfe.
22	Treudel	Holl, Johann Wilhelm	1821	10	März	1852	
23	Ursheim	Treu, Johann Christian	1798	29	Aug.	1823	
		Hübler, Michael	1847	11	Juli	—	Gehilfe.
24	Westheim	Knoll, Johann	1806	9	Juni	1834	
25	Wettelsheim ..	May, Andreas Friedrich	1809	9	Mai	1830	415 fl.
26	Windischhausen ..	Rübinger, Ferdinand	1832	5	Juli	1860	
27	Windsfeld ...	Haffner, Anton Friedrich	1829	14	Aug.	1858	

XII. Distrikts-Schulinspection Heilsbronn.

Distriktsschulinspector: kgl. Pfarrer **Scharff** in Heilsbronn.

Nr.	Schulen.	Namen der Lehrer.	Jahr	Tag	Monat	Jahr der Anstellung.	Bemerkungen.
	Barthelmesaurach:						
1	1. Schule ...	Falch, Johann Jakob	1793	19	Dez.	1824	432 fl.
2	2. „ ...	Kreiselmeier, Joh. Gg. Konr.	1844	24	Juni	—	Gehilfe.
	Bertholdsdorf:						
3	1. Schule ...	Bürner, Stephan	1819	17	Jan.	1848	436 fl.
4	2. „ ...	Hautsch, Friedrich	1848	28	April	—	Gehilfe.
5	Bürglein, 1. Schule	Behringer, Georg	1826	13	Aug.	1853	446 fl.
6	„ 2. „	Schramm, Nikolaus	1843	18	Aug.	—	Gehilfe.
7	Dürrenmungenau .	Schneider, Erhard	1826	9	Jan.	1850	
8	Heilsbronn, 1. Schule	Lösch, Joh. Friedr. Albrecht	1808	16	März	1835	358 fl.
9	„ 2. „	Rabenstein, Johann Christoph	1825	18	Aug.	1855	358 fl.
10	Immeldorf ...	Schwarz, Friedrich August	1812	4	Jan.	1836	406 fl.
11	Ismannsdorf ..	Keberer, Johann Paul	1821	17	Juni	1850	
12	Lichtenau	Oertel, Johann Georg	1821	4	Nov.	1850	403 fl.
	Neuenbettelsau:						
13	1. Schule ...	Kamberger, Johann Andreas	1803	21	Oct.	1828	385 fl.
14	2. „ ...	Kamberger, Simon	1847	22	Juni	—	Gehilfe.
15	Petersaurach, z.Z. erl.	Leibig, Georg Konrad	1841	20	Dez.	—	Verweser. 417 fl.

Nr.	Schulen.	Namen der Lehrer.	Jahr.	Geburtszeit. Tag.	Mo-nat.	Jahr der Anstellung.	Bemer-kungen.
16	Sachsen, 1. Schule	Baumgärtner, Joh. K. Ludw.	1810	2	Juni	1834	390 fl.
17	„ 2. „	Baumgärtner, Ludwig	1844	3	März	—	Gehilfe.
	Wassermungenau:						
18	1. Schule . . .	Theuerner, Johann Heinrich	1810	6	Febr.	1836	395 fl.
19	2. „ . . .	Theuerner, Friedrich	1842	28	Sept.	—	Gehilfe.
20	Wattenbach . . .	Provisorat, zur Zeit erlebigt.	—	—	—	—	
21	Weissenbronn, 1. Sch.	Gaßner, Johann Andreas	1817	8	Sept.	1844	
22	„ 2. „	Dengler, Joseph	1843	16	Juni	—	Gehilfe.
	Windsbach:						
23	Knabenschule . .	Hilpmann, Johann Georg	1830	13	Nov.	1857	464 fl.
24	Mädchenschule . .	Körber, Johann Leonhard	1802	19	Nov.	1833	
25	Elementarschule I.	Beck, Johann	1836	21	Mai	1862	
26	Elementarschule II.	Heerwagen, Johann	1842	2	Aug.	1866	Provisor.
27	Zandt . ., . . .	Thoma, Georg	1837	20	Aug.	1865	

XIII. Distrikts-Schulinspection Hersbruck.

Distriktsschulinspector: kgl. Pfarrer **Schiller** in Reichenschwand.

Nr.	Schulen.	Namen der Lehrer.	Jahr.	Tag.	Mo-nat.	Jahr der Anstellung.	Bemer-kungen.
1	Alfalter	Ebert, Joseph	1807	23	Febr.	1833	
2	Altensittenbach . .	Nestler, Johann Georg	1817	29	April	1841	373 fl.
3	Artelshofen . . .	Heckel, Julius	1833	20	Juli	1860	380 fl.
4	Engelthal . . .	Schneider, Christoph	1810	17	Jan.	1839	524 fl.
5	Eschenbach . . .	Düll, Christoph Ernst	1827	21	Mai	1851	428 fl.
6	Förrenbach . . .	Grimm, Georg	1831	21	Aug.	1858	
7	Happurg, 1. Schule	Zippelius, Johann Leonhard	1810	21	Oct.	1839	465 fl.
8	„ 2. „	Provisorat, zur Zeit erlebigt.	—	—	—	—	
9	Hartmannshof . .	Schmidt, Friedrich	1819	7	Aug.	1850	414 fl.
10	Henfenfeld . . .	Simon, Georg Stephan	1813	3	Nov.	1837	436 fl.
	Hersbruck *):						
11	Knaben-Oberklasse	Schilffarth, Karl Albrecht	1814	23	Aug.	1837	660 fl.
12	Knaben-Mittelklasse	Eberhard, Joh. Friedr. Ernst	1813	13	März	1841	450 fl.
13	Knaben-Unterklasse	Baumgärtner, Joh. Chr. Fr.	1818	10	Aug.	1844	450 fl.
14	Mädch.-Oberklasse	Bube, Johann Christoph	1802	1	Juni	1819	590 fl.
15	Mädch.-Mittelklasse	Effert, Heinrich	1817	8	Sept.	1845	465 fl.
16	Mädch.-Unterklasse	Brandt, Christian	1824	1	Mai	1853	506 fl.
17	Hohenstadt . . .	Hölzel, Georg Christ. Wilh.	1821	16	Dez.	1846	370 fl.
18	Hohenstein . . .	Lettenmeyer, Anton Friedrich	1820	3	Dez.	1852	
19	Reinsbach . . .	Neuner, Joh. Friedr. Christ.	1831	6	Oct.	1862	
	Kirchensittenbach:						
20	1. Schule . . .	Schäblen, Georg Karl	1830	13	Febr.	1857	460 fl.
21	2. „ . . .	Zandtner, Stephan	1845	20	Juli	—	Gehilfe.
22	Oberkrumbach . .	Schmidt, Johann Georg	1833	24	Aug.	1863	
23	Pommelsbrunn . .	Kunst, Johann	1807	1	Jan.	1831	545 fl.
		Zippelius, Karl	1844	15	Mai	—	Gehilfe.
24	Reichenschwand . .	Dorn, Joseph	1840	16	Febr.	1865	377 fl.
25	Thalheim	Buck, Johann Leonhard	1828	18	Oct.	1856	
26	Velden, 1. Schule .	Maison, Johann Friedrich	1821	3	Febr.	1843	591 fl.
27	„ 2. „ .	Hertlein, Georg	1844	15	Sept.	—	Gehilfe.
28	Vorra	Strobel, Georg	1827	25	Dez.	1857	

*) Die Mittel- und Elementarlehrer erhalten von 6 zu 6 Dienstjahren Zulagen von 50 fl. bis zu einem Gehaltsbezuge von 600 fl.

3

XIV. Distrikts-Schulinspection Insingen.

Distriktsschulinspector: kgl. Pfarrer und Decan **Käppel** in Insingen.

Nr.	Schulen.	Namen der Lehrer.	Geburtszeit. Jahr.	Tag.	Monat.	Jahr der Anstellung.	Bemerkungen.
1	Bettenfeld . . .	Horelb, Johann Wilhelm	1836	24	Dez.	1865	
2	Diebach	Funk, Georg	1831	14	Nov.	1861	
3	Erzberg	Boß, Johann	1815	7	Febr.	1845	456 fl.
4	Faulenberg . .	zur Zeit erlebigt.	—	—	—	—	
	Frankenheim:						
5	1. Schule . . .	Uhl, August	1830	15	März	1855	415 fl.
6	2. „ . . .	Joseph, Adolph	1843	29	Sept.	—	Gehilfe.
7	Gailnau	Stöhr, Wilhelm	1825	14	Sept.	1854	
8	Gailroth	Hammer, Karl	1836	7	Juli	1863	
9	Gastenfelden . .	Düll, Sebastian	1840	17	Aug.	1863	
10	Insingen	Heumann, Johann Simon	1824	1	Sept.	1854	352 fl.
11	Lohr	Babel, Georg	1837	14	Febr.	1864	
12	Oestheim	Wanderer, Johann Christian	1826	16	Jan.	1854	
13	Lauterbodenfeld .	Uhl, Johann Georg	1805	11	Jan.	1829	
14	Unterwörnitz . .	Bald, Simon	1801	30	Mai	1831	393 fl.
15	Weissenkirchberg .	Werner, Johann Friedrich	1806	7	Nov.	1835	456 fl.
16	Wettringen . . .	Messerer, Ernst Joh. Heinr.	1801	11	März	1856	498 fl.

XV. Distrikts-Schulinspection Lauf.

Distriktsschulinspector: kgl. Pfarrer **Keller** in Lauf.

Nr.	Schulen.	Namen der Lehrer.	Jahr.	Tag.	Monat.	Jahr der Anstellung.	Bemerkungen.
1	Beerbach, 1. Schule	Lechner,* Wilhelm	1792	2	Dez.	1818	434 fl.
		Schnürlein, Johann	1845	17	Aug.	—	Gehilfe.
2	„ 2. „	Eisen, Theodor	1846	6	Juni	—	Gehilfe.
3	Behringersdorf . .	Gießberger, Leonhard	1841	10	Jan.	1866	354 fl.
4	Günthersbühl . .	Raab, Konrad	1833	10	Dez.	1863	
	Lauf:						
5	Knaben-Oberklasse	Dasch, Julius Ernst	1789	9	Dez.	1818	509 fl.
		Hoffmann, Georg	1844	17	März	—	Gehilfe.
6	Knaben-Mittelklasse	Klärlein, Georg Peter	1797	25	Febr.	1818	468 fl.
		Rupp, Christian	1847	11	Jan.	—	Gehilfe.
7	Knaben-Unterklasse	Bauer, Gg. Phil. August	1821	8	Mai	1854	450 fl.
8	Knab.-Elementarkl.	Fehr, Christoph Andreas	1840	29	Dez.	1867	Provisor.
9	Mädchen-Oberklasse	Bertlein, Leonhard	1832	15	Juli	1863	452 fl.
10	Mädch.-Mittelklasse	Eubres, Johann	1836	3	Sept.	1865	450 fl.
11	Mädch.-Unterklasse	Schlegel, Leonhard	1828	28	April	1859	450 fl.
12	Mädch.-Elementarkl.	Vogel, Heinrich	1838	25	Oct.	1865	Provisor.
13	Osternohe . . .	Hültinger, Johann Simon	1825	7	Sept.	1848	
14	Ottensoos . . .	Enzenberger, Joh. Karl Chr.	1798	17	Oct.	1829	458 fl.
		Grau, Johann Wolfgang	1845	27	April	—	Gehilfe.
15	Rückersdorf, 1. Schule	Däschlein, Georg Adam	1798	14	Nov.	1821	505 fl.
16	„ 2. „	Weber, Konrad	1843	15	Dez.	—	Gehilfe.
17	Schönberg . . .	Rögner, Konrad	1824	8	Juni	1852	380 fl.
18	Simonshofen . .	Römbildt, Karl	1838	30	März	1865	
19	Weigenhofen . .	Feuchtenberger, Jakob	1827	12	Juli	1859	

* Ehrenmünze des Ludwigordens.

XVI. Diſtrikts-Schulinſpection Leutershauſen.

Diſtriktsſchulinſpector: kgl. Pfarrer le Bret in Geslau.

Nr.	Schulen.	Namen der Lehrer.	Jahr	Tag	Monat	Jahr der Anstellung.	Bemerkungen.
1	Auerbruch . . .	Götz, Johann Wilhelm	1802	9	Sept.	1829	
2	Binzwangen	Mayer, Johann Konrad	1801	1	Aug.	1822	352 fl.
3	Buch am Wald . .	Schuler, Leonhard	1825	10	Nov.	1855	356 fl.
4	Büchelberg . . .	Amthor, Christian Andreas	1811	4	Juni	1847	
5	Egenhausen . . .	Memmert, Joh. Friedr. Aug.	1843	12	März	1865	
6	Frommetzfelden . .	Schillfarth, Georg Thomas	1819	18	Nov.	1851	
7	Geslau	Schierer, Johann Georg	1801	15	Juni	1823	352 fl.
8	„ Gehilfenstelle	zur Zeit erledigt.	—	—	—	—	
9	Jochsberg (z. 3. erl.)	Zapf, Melchior	1841	3	Sept.	—	Verweser.
10	Colmberg, 1. Schule	Hertlein, Johann Thomas	1815	30	Juli	1843	423 fl.
11	„ 2. „	Hoffmann, Lorenz	1848	26	Febr.	—	Gehilfe.
	Leutershausen:						
12	Knaben-Oberklasse	Berwind, Johann Jobst	1803	24	Dez.	1829	435 fl.
13	Mädchen-Oberklasse	Andreä, Wilhelm	1824	31	Dez.	1853	423 fl.
14	Elementarklasse .	Roth, Ferdinand	1834	28	Sept.	1863	
15	Mittelbachstetten .	Koch, Gg. Phil. Friedr.	1827	17	Oct.	1855	
16	Oberbachstetten . .	Matthäus, Johann	1811	30	Oct.	1834	437 fl.
17	Oberngenn, 1. Schule	Filenscher, Christoph	1798	13	April	1820	436 fl.
18	„ 2. „	Buchner, Konrad	1842	10	Mai	1865	
19	Obersulzbach . . .	Eckardt, Johann Christian	1820	27	Juni	1853	378 fl.
20	Stettberg	Meyer, Johann Georg	1825	17	Dez.	1856	
21	Unternzenn . . .	Keeß, Heinrich	1835	25	Aug.	1859	
22	Urphetshofen . . .	Paulus, Adolph	1838	25	März	1860	
23	Wiedersbach . . .	Salffner, Karl Friedr. Julius	1842	24	Juli	1866	

XVII. Diſtrikts-Schulinſpection Neuſtadt a/A.

Diſtriktsſchulinſpector: kgl. Pfarrer u. Decan Bauer in Neuſtadt a/A.

Nr.	Schulen.	Namen der Lehrer.	Jahr	Tag	Monat	Jahr der Anstellung.	Bemerkungen.
1	Altheim	Eßlinger, Johann Friedrich	1819	7	Juni	1846	
2	Baudenbach . . .	Uebler, Konrad	1800	16	Jan.	1831	
		Uebler, Julius	1843	25	Nov.	—	Gehilfe.
3	Beerbach . . .	Autenrieth, Joh. Gg. Julius	1837	7	April	1866	
4	Birnbaum . . .	Korn, Georg	1833	24	Oct.	1864	
5	Dachsbach . . .	Schneider, Johann Vitus	1804	11	Nov.	1834	
		Pfeiffer, Rudolph	1846	5	Jan.	—	Gehilfe.
6	Dettendorf . .	Rippel, Johann Peter	1841	12	Sept.	1865	
	Diespeck:						
7	1. Schule . . .	Matthäus, Johann	1786	28	Mai	1812	476 fl.
		Riedel, Johann Georg	1842	22	Febr.	—	Gehilfe.
8	2. „ Provisorat	Bär, Christian	1843	26	April	—	Verweser.
9	israel.	Blumenfeld, Anselm	1842	13	April	1867	
10	Dietersheim . .	Hirschmann, Karl	1838	11	April	1861	
11	Dottenheim . . .	Schlegel, Johann Michael	1802	12	Juli	1823	
		Schlegel, Karl	1843	27	Juli	—	Gehilfe.
	Gerhardshofen:						
12	1. Schule . . .	Sauermann, Johann Paul	1800	27	Febr.	1826	435 fl.
13	2. „ . . .	Sauermann, Johann	1844	7	Sept.	—	Gehilfe.

Nr.	Schulen.	Namen der Lehrer.	Jahr.	Tag.	Monat.	Jahr der Anstellung.	Bemerkungen.
14	Gutenstetten . . .	Grau, Johann Konrad	1813	28	April	1838	356 fl.
15	Hambühl	Dürr, Johann	1813	8	Juli	1853	
16	Herrnneuses . . .	Rosa, Georg Thomas	1812	9	Oct.	1844	354 fl.
17	Langenfeld . . .	Göß, Albr. Theodor Heinrich	1816	8	Nov.	1840	
18	Münchsteinach . .	Dorst, Ernst	1812	29	Dez.	1866	439 fl.
	Neustadt a/A. *):						
19	Knaben-Oberklasse	Ludwig, Albrecht Johann	1805	27	Febr.	1829	450 fl.
20	Knaben-Mittelklasse	Bögel, Johann Friedrich	1815	14	Febr.	1842	450 fl.
21	Mädchen-Oberklasse	Aecker,* Andreas	1793	21	Aug.	1813	495 fl.
		Böhner, Friedrich	1847	23	Sept.	—	Gehilfe.
22	Mädch.-Mittelklasse	Federlein, Georg Konrad	1810	27	Juli	1834	450 fl.
23	Elementarklasse 1.	Ehrlein, Andreas Christoph	1820	30	Oct.	1851	450 fl.
24	Elementarklasse II.	Schmidt, Johann Georg	1830	6	Aug.	1858	450 fl.
25	Elementarklasse III.	Lutz, Johann Michael	1815	29	Juli	1843	450 fl.
26	Oberlaimbach . .	Singer, Johann Micheal	1841	31	Mai	1866	
27	Reinhardshofen . .	Hörtner, Johann Friedrich	1823	9	Juli	1853	
28	Rennhofen . . .	Bruch, Claudius Johann	1826	31	Mai	1857	
29	Rockenbach (j. Z. erl.)	Maurer, Ferdinand	1846	7	Mai	—	Verweser.
30	Roßbach (z. Z. erl.)	Lang, Gustav	1845	4	Febr.	—	Verweser.
31	Schauerheim. . .	Singer, Christoph	1797	13	April	1821	424 fl.
		Beyerlein, Friedrich	1845	28	Sept.	—	Gehilfe.
32	Stübach	Vogtherr, Gg. Friedr. Phil.	1799	4	April	1825	408 fl.
		Schmidt, Konrad	1844	18	März	—	Gehilfe.
33	Sugenheim . . .	Greiner, Georg Nikolaus	1826	3	Juli	1859	357 fl.
34	„ israel. Schule	Weißmann, Mendel Moses	1843	27	März	—	Verweser.
35	Traishöchstadt . .	Schneider, Joseph	1840	19	Nov.	1866	
36	Ullstadt	Merkel, Johann Georg	1833	4	Dez.	1856	
37	Unterlaimbach . .	Bullmer, Johann Jakob	1828	12	Dez.	1853	
38	Unterneffelbach . .	Pfeiffer, Georg	1806	15	Dez.	1832	383 fl.
39	Unterschweinach . .	Maurer, Johann Leonhard	1826	8	Juni	1854	

* Ehrenmünze des Ludwigordens.

XVIII. Diſtrikts-Schulinspection Nürnberg.

Diſtriktsschulinspector: kgl. Pfarrer Bechmann in Mögeldorf.

Nr.	Schulen.	Namen der Lehrer.	Jahr.	Tag.	Monat.	Jahr der Anstellung.	Bemerkungen.
1	Almoshof. . . .	zur Zeit noch nicht eröffnet.	—	—	—	—	—
2	Glaishammer, z.Z.erl.	Schnabel, Friedrich	1846	11	Dez.	—	Verweser.
3	St. Jobst . . .	Gebhardt, Johann	1800	25	März	1821	512 fl.
4	Kleinreuth . . .	Beck, Christian Ernst Julius	1819	20	Juni	1851	357 fl.
5	Laufamholz . . .	Wolf, Thomas	1831	1	Dez.	1863	395 fl.
6	St. Leonhard . .	Arlt, Johann Georg	1825	15	April	1858	392 fl.
7	Mögeldorf, 1. Schule	Dehm, Wilhelm	1816	3	Nov.	1835	546 fl.
8	„ 2. „	Hauser, Theodor Karl	1841	22	Juni	1867	Provisor.
9	„ 3. „	Dechslein, Karl	1846	23	Oct.	—	Gehilfe.
10	Oberweihersbuch .	Dürring, Johann Friedrich	1821	1	Juni	1848	
11	Schniegling . . .	Jordan, Johann Friedrich	1825	13	Juni	1857	400 fl.
12	Stein, 1. Schule .	Arold, Wilhelm	1812	28	Mai	1842	401 fl.
13	„ 2. „	Karpf, Georg	1845	24	Oct.	—	Gehilfe.
14	Schweinau, 1. Schule	Bachmann, Johann Georg	1811	29	Sept.	1835	513 fl.
15	„ 2. „	Rank, Georg	1845	21	April	—	Gehilfe.
16	Ziegelstein . . .	Lotter, Michael	1837	31	Juni	1861	

*) Alterszulagen von 20 fl. bis 100 fl. in 10 bis 40 Dienſtjahren.

XIX. Distrikts-Schulinspection Pappenheim.

Distriktsschulinspector: kgl. Pfarrer **Liederer von Liederskron** in Bieswang.

Nr.	Schulen.	Namen der Lehrer.	Geburtszeit. Jahr.	Tag.	Monat.	Jahr der Anstellung.	Bemerkungen.
1	Bieswang ...	Schöner, Johann	1827	3	Oct.	1853	351 fl.
2	Büttelbronn ...	Bogenbörfer, Georg	1831	3	Juni	1863	
3	Dettenheim ...	Fettinger, Georg Friedrich	1832	19	Aug.	1861	
4	Dietfurt	Lang, Karl	1833	7	Juli	1856	
5	Geislohe	Weißlein, Georg Johann	1841	20	Nov.	1865	
6	Göhren	Meyer, Joh. Georg Wilhelm	1811	8	Jan.	1861	
7	Graben, Provisorat	Brechtel, Johann	1846	15	April	—	Verweser.
8	Haardt ..	Dietrich, August	1837	31	Jan.	1863	Provisor.
	Langenaltheim:						
9	1. Schule ...	Seßlen, Friedrich Wolfgang	1822	9	Oct.	1853	
10	2. „ ...	Wagner, Karl	1844	28	Juli	—	Gehilfe.
11	Neudorf	Göbel, Johann Balthasar	1839	26	Febr.	1864	
12	Osterdorf ...	Schilffarth, Johann Wilhelm	1838	30	Sept.	1863	
	Pappenheim:						
13	Knaben-Oberklasse	Hingkelbey, Joh. Andr. Friebr.	1812	6	März	1838	493 fl.
14	Mädchen-Oberklasse	Hofinger, Michael	1840	15	Sept.	1863	
15	Elementaroberklasse	Rothmund, Johann Wilhelm	1840	6	Nov.	1863	354 fl.
16	Elementarunterklasse	Geubenberger, Wilhelm	1843	14	Febr.	1866	Provisor.
17	Rehlingen ...	Ammon, Johann Michael	1837	18	Nov.	1863	
18	Rothenstein ...	Luz, Christian	1837	19	Jan.	1865	
19	Schambach ...	Benschel, Johann Friedrich	1828	11	Febr.	1856	
20	Solnhofen, 1. Schule	Brechtel, Friedrich Karl	1822	14	April	1852	397 fl.
21	„ 2. „	Rieß, Konrad	1845	23	Febr.	—	Gehilfe.
22	Suffersheim ..	Wunderlich, Wolfgang	1837	2	Juni	1866	
23	Treuchtlingen, 1. Sch.	Regelsberger, Karl Friedrich	1824	6	April	1853	393 fl.
24	„ 2. „	Berger, Wilhelm	1848	23	Oct.	—	Gehilfe.
25	„ israel. „	Sichel, Isaak	1822	19	Febr.	1843	
26	Uibermaßhofen ..	Müller, Johann Friedrich	1802	19	April	1835	Provisor.
27	Zimmern	Lang, Friedrich	1842	6	Aug.	1866	Provisor.

XX. Distrikts-Schulinspection Roth.

Distriktsschulinspector: kgl. Pfarrer und Senior **Krämer** in Georgensgmünd.

Nr.	Schulen.	Namen der Lehrer.	Jahr.	Tag.	Monat.	Jahr der Anstellung.	Bemerkungen.
1	Bernlohe (z. Z. erl.)	Arnold, August	1844	15	Mai	—	Verweser.
2	Edersmühlen ..	Schäfer, August	1827	27	Mai	1854	
3	Fünfbronn ..	Conrad, Gottlieb	1829	28	Juni	1858	Provisor.
	Georgensgmünd:						
4	1. Schule ...	zur Zeit erledigt.	—	—	—	—	455 fl.
5	2. „ ...	Jäger, Matthias	1841	22	Dez.	1865	Provisor.
6	3. „ ...	Karl, Leonhard	1846	27	Jan.	—	Gehilfe.
7	Pfaffenhofen ..	Frieß, Georg Friedrich	1826	1	April	1857	
8	Rittersbach ...	Heckel, Leonhard	1820	5	Aug.	1853	

Nr.	Schulen.	Namen der Lehrer.	Geburtszeit.			Jahr der Anstellung.	Bemerkungen.
			Jahr.	Tag.	Monat.		
	Roth:						
9	Knaben-Oberklasse	Langfritz, Johann Leonhard	1809	31	Aug.	1833	450 fl.
10	Mädchen-Oberklasse	Huß, Georg Michael	1800	8	März	1825	450 fl.
11	Knaben-Mittelklasse	Ziel, Johann Ulrich	1821	21	Sept.	1847	450 fl.
12	Mädch.-Mittelklasse	Salffner, Ludwig Hermann	1832	19	Nov.	1855	450 fl.
13	Elementarklasse . .	Vogtherr, Johannes	1832	15	Juli	1856	450 fl.
14	Vorbereitungsklasse	Blaufuß, Wilhelm	1830	3	Sept.	1860	450 fl.
15	Israelitische Schule	Bergmann, Lazarus	1824	21	Jan.	1855	450 fl.
16	Wallesau	Fikenscher, Friedrich	1815	28	Febr.	1847	

XXI. Diſtrikts-Schulinſpection Rothenburg o/T.

Diſtriktsſchulinspector: kgl. Pfarrer und Decan Dr. **Mögelin**
in Rothenburg o/T.

Nr.	Schulen.	Namen der Lehrer.	Jahr	Tag	Monat	Jahr	Bemerkungen.
1	Abelshofen . . .	Horelb, Friedrich Karl	1826	5	Juli	1853	
2	Bettwar	Finkenberger, Leonhard	1828	14	Juli	1858	
3	Gattenhofen . . .	Gebhardt, Georg Wilhelm	1816	2	März	1845	
4	Großenharbach . .	Dürr, Johann Michael	1841	5	Febr.	1866	
5	Habelsee	Oster, Georg	1826	14	April	1858	
6	Kirnberg	Wörner, Ernst	1828	23	April	1856	
7	Leuzenbronn . . .	Menninert, Johann	1815	2	Sept.	1848	
8	Reusitz	Heinkel, Johann Jakob	1803	10	Dez.	1829	
9	Ohrenbach . .	Vorberger, Joh. Wolfgang	1806	8	Nov.	1833	
		Vorberger, Heinrich	1846	13	März	—	Gehülfe.
10	Preuntsfelden . .	Lang, Friedrich Andreas	1809	5	Febr.	1835	
11	Schweinsdorf . .	Schüßler, Karl	1820	1	April	1852	
12	Steinach . . .	Holzbod, Johann	1821	7	Oct.	1851	
13	Steinsfeld . . .	Ströbel, Johann Georg	1808	21	Sept.	1837	
14	Tauberscheckenbach	Rüdinger, Wilhelm	1834	26	Oct.	1859	
15	Tauberzell . . .	Lehnert, Christoph Karl	1811	4	Sept.	1837	
16	Windelsbach . .	Salffner, Georg Adam	1802	19	Nov.	1829	374 fl.

XXII. Diſtrikts-Schulinſpection Schwabach.

Diſtriktsſchulinspector: kgl. Pfarrer **Donner** in Schwabach.

Nr.	Schulen.	Namen der Lehrer.	Jahr	Tag	Monat	Jahr	Bemerkungen.
1	Büchenbach, 1. Schule	Kühn, Johann Friedrich	1800	3	Nov.	1826	453 fl.
2	„ 2. „	Oswald, Konrad	1840	14	Dez.	1865	
	Cammerstein:						390 fl.
3	1. Schule, z. Z. erl.	Stengel, Andreas	1844	1	April	—	Verweser.
4	2. „	Zimmermann, Georg	1847	4	Jan.	—	Gehülfe.
5	Dietersdorf, z. Z. erl.	Braun, Karl	1842	11	Nov.	—	Verweser.
6	Eibach, 1. Schule	Schaumberg, Eugen	1811	13	März	1837	408 fl.
7	„ 2. „ .	Meier, Adam	1846	22	April	—	Gehülfe.
8	Gustenfelden . .	Zollhöfer, Johann Christian	1826	23	März	1856	
	Katzwang:						
9	1. Schule . . .	Rabenstein, Johann Konrad	1801	21	März	1824	424 fl.
10	2. „ . .	Häßlein, Christian	1842	25	Oct.	1867	Proviſor.

Nr.	Schulen.	Namen der Lehrer.	Jahr	Tag	Monat	Jahr der Anstellung	Bemerkungen.
11	Kornburg, 1. Schule	Schäfer, Johann Adam	1801	10	Mai	1825	425 fl.
12	„ 2. „	Winkler, Friedrich	1846	21	Febr.	—	Gehilfe.
13	Leerstetten . . .	Andreä, Georg Michael	1799	29	Nov.	1823	365 fl.
		Moser, Friedrich	1847	13	Oct.	—	Gehilfe.
14	Mühlhof	Müller, Friedrich Justus	1830	25	Sept.	1854	
15	Penzendorf . . .	Mörlein, Georg	1829	19	Juli	1858	
16	Rednitzhambach . .	Oster, Georg Wilhelm	1817	23	Aug.	1851	
17	Regelsbach . . .	Kohler, Jakob	1837	4	Juni	1863	358 fl.
18	Röthenbach bei St. Wolfgang . . .	Gruber, Johann Georg	1842	22	Juli	1866	Provisor.
19	Rohr, 1. Schule .	Strobel, Friedrich Wilhelm	1818	15	Sept.	1847	499 fl.
20	„ 2. „	Gagstetter, Gustav	1845	20	Juni	—	Gehilfe.
21	Schwand, 1. Schule	Göbel, Joh. Georg Christ.	1802	30	März	1827	421 fl.
22	„ 2. „	zur Zeit erledigt.	—	—	—	—	Provisorat.
23	Unterreichenbach .	Hammer, August	1826	21	Febr.	1855	
24	Wendelstein,1.Schule	Bickel, Christian	1829	26	Jan.	1856	400 fl.
25	„ 2. „	Frieß, Joh. Nikolaus Friedr.	1829	18	Juni	1858	
26	„ 3. „	Mähner, Christian	1845	30	Juni	—	Gehilfe.

XXIII. Distrikts-Schulinspection Thalmässingen.

Distriktsschulinspector: kgl. Pfarrer **Wörlein** in Bergen.

Nr.	Schulen.	Namen der Lehrer.	Jahr	Tag	Monat	Jahr der Anstellung	Bemerkungen.
1	Aue	Kühn, Karl	1823	13	Juni	1854	
2	Alfershausen . . .	Eschenbacher, Jakob	1805	23	Nov.	1831	
3	Bachhausen, Provisor	Hiltner, Johann	1841	29	Mai	—	Verweser.
4	Bergen	Ludwig,* Michael	1793	6	Oct.	1815	
		Fleischmann, Georg	1847	1	März	—	Gehilfe.
5	Burgsalach . . .	Krauß, Christian Wilhelm	1807	3	Dez.	1848	382 fl.
6	Eysölben, 1. Schule	Distel, Johann Christoph	1798	11	Juni	1822	
7	„ 2. „	Zippelius, Friedrich	1841	27	März	—	Gehilfe.
8	Kaltenbuch . . .	Lutz, Georg Michael	1843	8	Mai	1866	Provisor.
9	Landersdorf . .	Kessel, Friedrich	1828	3	Dez.	1860	Provisor.
	Nennslingen:						
10	1. Schule . . .	Hammer, Heinrich	1817	7	April	1848	
11	2. „ . . .	Pfeiffer, Georg	1846	30	Dez.	—	Gehilfe.
12	Offenbau	Witschel, Gustav	1809	30	Nov.	1844	
		Feuchtenberger, Joh. Georg	1846	16	Jan.	—	Gehilfe.
13	Ruppmannsburg .	Scherer, Johann	1831	9	Dez.	1861	
14	Schwimmbach . .	zur Zeit erledigt.	—	—	—	—	283 fl.
15	Sulzkirchen . .	Weirelbaum, Georg	1798	5	Aug.	1828	360 fl.
16	Thalmannsfeld . .	Arold, Konrad	1836	15	Juni	1859	
	Thalmässingen:						
17	1. Schule . . .	Kühn, Johann Georg	1812	2	Juli	1848	367 fl.
18	2. „ . . .	Keil, Leonhard	1825	2	Sept.	1854	
19	3. „ . . .	Tauber, Johann	1837	13	Dez.	1863	
20	israel. „ . . .	Hommel, Samuel	1839	25	Juli	1864	
21	Wengen	Rörr, Friedrich	1837	5	Febr.	1863	

* Ehrenmünze des Ludwigsordens.

— 24 —

XXIV. Diftrikts-Schulinspection Affenheim.

Diftriktsschulinspector: kgl. Pfarrer unb Decan **Amthor** in Uffenheim.

Nr.	Schulen.	Namen der Lehrer.	Jahr.	Tag.	Monat.	Jahr der Anstellung.	Bemerkungen.
1	Adelhofen. . . .	Leyh, Leonhard	1821	6	Jun.	1856	
2	Auernhofen . . .	Turtur, Ludwig	1835	31	März	1860	
3	Guftenlehr . . .	Sauermann, Georg	1829	27	Mai	1857	
4	Equarhofen . . .	Leykamm, Johann	1826	10	Aug.	1856	
5	Ermetzhofen . . .	Mann, Johann	1811	13	April	1838	
6	Geckenheim . . .	Krauß, Theodor	1827	16	Oct.	1855	
7	Geislingen . . .	Bachmann, Chrift. Wilhelm	1828	9	Sept.	1859	355 fl.
8	Gollachoftheim . .	Pfifter, Chriftian Alexander	1821	10	März	1851	
9	Gollhofen, 1. Schule	Schön, Johann Jakob	1810	21	Aug.	1837	362 fl.
10	„ 2. „	Sambach, Lothar	1829	30	Mai	1853	
11	Gülchsheim . . .	Saueracker, Georg	1820	3	Nov.	1839	
12	Hemmersheim . .	Krauß, Leonhard	1844	24	Febr.	1866	Provifor.
13	Herbolzheim . . .	Haas, Heinrich	1808	7	Jan.	1844	417 fl.
14	Herrnbergtheim . .	Beverlein, Johann	1819	15	Dez.	1850	
15	Hohlach . . .	Schönamsgruber, Wilhelm	1815	4	April	1848	
16	Holzhausen . . .	Begner, Konrad	1829	7	Oct.	1857	
17	Langensteinach . .	Ströbel, Johann Wolfgang	1829	21	April	1852	
18	Lipprichhausen . .	Züh, Michael	1831	29	Aug.	1862	
19	Mörlbach	Giel, Johann Jakob	1810	18	Jan.	1842	
20	Oberickelsheim . .	Walter, Karl	1826	17	Oct.	1859	
21	Pfahlenheim . . .	Stucklaufer, Leonhard	1824	7	Aug.	1853	
22	Rudolzhofen . . .	Eichermann, Konrad	1828	4	Oct.	1859	
23	Seenheim . . .	Jlgen, Ludwig Wilhelm	1807	31	Dez.	1835	
	Uffenheim:						
24	Knaben-Oberklaffe	Ratz, Johann Philipp	1802	26	Febr.	1831	446 fl.
25	Knaben-Unterklaffe	Müller, Chriftian	1824	11	Dez.	1854	470 fl.
26	Mädchen-Oberklaffe	Bauer, Karl Theodor	1804	26	Sept.	1825	534 fl.
27	Mädchen-Unterklaffe	Reuner, Johann Michael	1798	28	März	1826	459 fl.
28	Höhere Bürgerschule	z. 3. noch nicht eröffnet.					
29	Ulfenheim . . .	Schilffarth, Johann Auguft	1817	6	Aug.	1846	440 fl.
30	Unterickelsheim . .	Dorn, Johann Michael	1827	13	Aug.	1859	
31	Uttenhofen . . .	Pfeiffer, Heinrich	1836	11	April	1864	Provifor.
32	Wallmersbach . .	Reuner, Heinrich Karl	1826	26	Juni	1856	
33	Welbhausen . . .	Wolft, Anton Joferh	1811	9	April	1841	

XXV. Diftrikts-Schulinspection Waffertrübingen.

Diftriktsschulinspector: kgl. Pfarrer u. Decan **Clarus** in Waffertrübingen.

Nr.	Schulen.	Namen der Lehrer.	Jahr.	Tag.	Monat.	Jahr der Anstellung.	Bemerkungen.
1	Altentrübingen . .	Bogel, Johann Paulus	1807	19	Nov.	1849	
2	Ammelbruch (z. 3. erledigt) . . .	Schönberger, Johann	1844	7	Febr.	—	397 fl. Berwefer.
3	Bechhofen, 1. Schule	Mauerröber, Johann	1824	4	Aug.	1857	
4	„ 2. „	Rofa, Johannes	1845	7	April	—	Gehilfe.
5	Auffirchen . . .	Rummel, Johann Kaspar	1822	18	Aug.	1848	393 fl.
6	Beierberg, 1. Schule	Reuter, Johann Martin	1820	26	Aug.	1852	367 fl.
7	„ 2. „	Gehilfenftelle, z. 3. unbefetzt.					
8	Burf	Einfalt, Chriftian	1835	30	Dez.	1863	

Nr.	Schulen.	Namen der Lehrer.	Jahr.	Tag.	Monat.	Jahr der Anstellung.	Bemerkungen.
9	Dambach	Thoma, Jakob	1832	18	Mai	1862	
10	Dennenlohe . . .	Seiler, Ludwig	1842	27	Oct.	1866	Provisor.
11	Ehingen, 1. Schule	Reuter, Johann Friedrich	1823	16	Dez.	1853	370 fl.
12	„ 2. „	Vogt, Heinrich	1846	18	Juli	—	Gehilfe.
13	Fürnheim . . .	Standhartinger, Heinrich	1832	15	Dez.	1865	
14	Geilsheim, 1. Schule	Schilffarth, Matthias	1806	9	Dez.	1835	407 fl.
15	„ 2. „	Gehilfenstelle, z. Z. unbesetzt.					
16	Gerolfingen . . .	Meyer, Georg Kaspar	1802	28	Oct.	1832	
		Pfahler, Michael	1847	24	Juni	—	Gehilfe.
17	Heinersdorf . . .	zur Zeit erledigt.	—	—	—		
18	Königshofen, z.Z.erl.	Etschel, Johann Adam	1840	19	Juni	—	414 fl. Verweser.
19	Langfurth, Provisorat	Wiesmath, Paulus	—	—	—	—	Verweser.
20	Lentersheim . . .	Gebert, Johann Friedrich	1823	16	Sept.	1853	365 fl.
21	Obermögersheim .	Krauß, Johann Ludwig	1785	—	—	1809	440 fl.
		Bieber, Johann	1842	4	Dez.	—	Gehilfe.
22	Oberschwaningen .	Krauß, Ludwig Wilhelm	1822	9	Sept.	1848	
23	Röckingen, 1. Schule	Alt, Georg Leonhard	1808	10	Juli	1838	
24	„ 2. „	Gehilfenstelle, z. Z. unbesetzt.					
25	Sachsbach . . .	Völler, Karl	1835	20	Juli	1862	
26	Schobbach . . .	Schleebach, Leonhard	1832	4	Juni	1864	
27	Unterschwaningen .	Fikenscher, Heinrich	1807	11	April	1831	423 fl.
	Wassertrübingen:						
28	Knaben-Oberklasse	Wiesmath, Konrad	1810	3	April	1836	465 fl.
29	Mädchen-Oberklasse	Schilffarth, Karl Heinrich	1818	19	Febr.	1847	469 fl.
30	Mittelklasse . . .	Fuul, Georg Michael	1831	24	Mai	1860	
31	Elementarklasse .	Lehenbauer, Karl	1815	17	Sept.	1844	384 fl.

XXVI. Distrikts-Schulinspection Weißenburg.

Distriktsschulinspector: kgl. Pfarrer **Blank** in Holzingen.

Nr.	Schulen.	Namen der Lehrer.	Jahr.	Tag.	Monat.	Jahr der Anstellung.	Bemerkungen.
1	Alesheim	Albrecht, Karl Friedrich	1813	17	März	1843	
2	Bubenheim . . .	Satzinger, Johann Michael	1827	24	Dez.	1861	
3	Emmetzheim . . .	Söltel, Georg	1810	27	Sept.	1839	
4	Ettenstadt . . .	Wüst, Johann	1820	19	April	1851	
5	Gundelsheim . .	Schröbel, Nikolaus	1822	11	Juli	1856	
6	Höttingen . . .	Höppel, Friedrich	1813	19	Juli	1844	
7	Holzingen . . .	Ganser, Johann	1823	11	Febr.	1852	
8	Hörlbach	Schweigert, Georg	1841	11	Sept.	1866	
9	Kattenhochstadt . .	Luff, Georg Andreas	1821	10	März	1851	
	Oberhochstadt:						
10	1. Schule . . .	Knoblauch, Karl Theodor	1820	5	Febr.	1851	385 fl.
11	2. „ . . .	Gehilfenstelle, z. Z. unbesetzt.	—	—	—		
12	Trommetzheim . .	Sauernheimer, Johann Paul	1817	24	Juni	1847	
13	Wachenhofen . . .	Herrmann, Johann Michael	1825	12	Jan.	1854	
14	Weiboldshausen . .	Heckel, Johann	1815	30	Juli	1852	
15	Weimersheim . .	Dozler, Lorenz	1806	12	März	1830	

XXVII. Distrikts-Schulinspection Windsheim.

Distriktsschulinspector: kgl. Pfarrer **Fischer** in Windsheim.

Nr.	Schulen.	Namen der Lehrer.	Geburtszeit. Jahr	Tag	Monat	Jahr der Anstellung.	Bemerkungen.
	Mkt. Bergel:						
1	1. Schule	Schneider, Georg Adam	1808	10	Nov.	1833	563 fl.
2	2. „	Sebald, Karl Ferdinand	1833	4	Dez.	1863	
3	Berolzheim	Schlee, Johann Georg	1829	17	Juli	1860	
4	Buchheim	Conradt, Karl Alexander	1813	30	April	1845	
	Burgbernheim:						
5	Knabenschule	Neumeister, Johann Paul	1821	29	Jan.	1849	449 fl.
6	Mädchenschule	Thoma, Johann	1807	13	Aug.	1832	449 fl.
7	Elementarschule	Hämmel, Johann Ludwig	1827	10	Juni	1856	354 fl.
	Ergersheim:						
8	1. Schule	Meuschel, Johann	1809	25	Mai	1844	526 fl.
9	2. „	Kuhl, Michael	1816	26	Mai	—	Gehilfe.
10	Humprechtsau	Linberger, Georg Jakob	1828	21	März	1855	
11	Ickelheim	Hochmeyer, Georg Michael	1804	26	Febr.	1825	489 fl.
12	Illesheim	Wurm, Johann Mathias	1794	5	Nov.	1820	
		Vogt, Friedrich	1816	12	Oct.	—	Gehilfe.
	Ipsheim:						
13	1. Schule	Daumenlang, Johann Leonh.	1801	21	Aug.	1837	463 fl.
14	2. „	Drechsel, Albrecht	1845	9	Mai	—	Gehilfe.
15	Kaubenheim	Eßlinger, Ludwig	1809	4	Jan.	1844	380 fl.
16	Külsheim	Hirschmann, Johann Samuel	1800	31	Aug.	1819	375 fl.
17	Lenkersheim	Mayr, August	1807	7	Mai	1833	371 fl.
18	Oberntief	Fischer, Johann Michael	1822	22	Nov.	1847	
19	Ottenhofen	Hüttinger, Johann Michael	1799	18	Febr.	1816	
		Teufel, Friedrich	1845	10	Sept.	—	Gehilfe.
20	Pfaffenhofen	Maußner, Andreas	1825	5	Febr.	1854	
21	Rübisbronn	Reichert, Johann	1832	28	Nov.	1857	
22	Schwebheim	Frieß, Leonhard	1800	23	Juli	1826	
		Klee, Wilhelm	1811	5	Dez.	—	Gehilfe.
23	Unteraltenbernheim	Grübel, Johann	1830	8	Jan.	1861	
24	Ursheim	Wartlig, Johann Konrad	1812	18	Mai	1840	
25	Westheim	Strauß, Johann Konrad	1801	15	Febr.	1824	453 fl.
26	Wiebelsheim	Schlegel, Johann Konrad	1831	13	Juni	1860	
	Windsheim: *)						
27	Knaben-Oberklasse	Bauer, Joh. Wolfg. Friedr.	1802	7	Jan.	1826	552 fl.
28	Knaben-Mittelklasse	Hannamann, Georg Friedrich	1839	25	Sept.	1866	z. Z. Verweser an der höheren Bürgerschule.
		Stadelmann, Wilhelm	1844	29	März	—	Gehilfe.
29	Knaben-Unterklasse	Meyer, Christian	1812	4	April	1811	
30	Mädchen-Oberklasse	Huber,* Johann Michael	1797	14	Jan.	1814	
31	Mädchen-Mittelklasse (z. Z. erledigt)	Deeg, Christian	1816	2	Febr.	—	Verweser.
32	Mädchen-Unterklasse	Bech, Johann Michael	1826	29	Sept.	1860	
33	Höhere Bürgerschule	Hannamann, Georg Friedrich	1839	25	Sept.	—	Verweser.

* Ehrenmünze des Ludwigordens.

*) Minimalgehalt 450 fl. und Quinquennalzulagen von je 50 fl. bis zum Maximum von 600 fl.

XXVIII. Distrikts-Schulinspection Zirndorf.

Distriktsschulinspector: kgl. Pfarrer **Lehmus** in Fürth.

Nr.	Schulen.	Namen der Lehrer.	Geburtszeit. Jahr.	Tag.	Mo-nat.	Jahr der Anstellung.	Bemerkungen.
	Burgfarrnbach:						
1	1. Schule	Schultheiß, Johann	1801	17	Mai	1823	500 fl.
2	2. „	Bonni, Friedrich	1839	20	Aug.	1865	275 fl.
3	3. „	Gehilfenstelle, z. Z. noch nicht eröffnet.					Provisor.
4	Großreuth	Schärtel, Peter	1803	2	April	1838	
	Großgrünbach:						
5	1. Schule	Lehnert, Oswald Friedrich	1840	14	Febr.	1863	571 fl.
6	2. „	Gehilfenstelle, z. Z. unbesetzt.	—	—	—	—	
7	Höfen	Oertel, Karl Christian	1815	4	Juni	1840	
	Kraftshof:						
8	1. Schule	Haas, Johann Michael	1822	18	Oct.	1848	553 fl.
9	2. „	Mukel, Johann Leonhard	1839	22	Nov.	1867	Provisor.
10	3. „	Will, Leonhard	1842	23	Juli	—	Gehilfe.
11	Oberasbach	Döschlein, Andreas	1821	30	Nov.	1853	
	Poppenreuth:						
12	1. Schule	Stiefel, Joh. Georg Mathias	1814	31	Juli	1854	699 fl.
13	2. „	Schäblen, Karl	1845	12	Dez.	—	Gehilfe.
14	Stabeln	Schlegel, Valentin	1835	4	Aug.	1863	
15	Unterfarrnbach	Frauenknecht, Johann Konrad	1843	3	April	1839	
16	Bach, 1. Schule	Frieß, Johann Friedrich	1816	16	Sept.	1845	407 fl.
17	„ 2. „	Machwart, Friedrich	1841	10	Aug.	1865	Provisor. 295 fl.
18	Zirndorf, 1. Schule	Schurig, Johann Friedrich	1816	8	März	1844	468 fl.
19	„ 2. „	Rohn, Johann Leonhard	1797	23	Sept.	1821	607 fl.
20	„ 3. „	Hirschmann, Karl	1845	16	Nov.	—	Gehilfe.
21	„ 4. „	Hümmel, Karl Theodor	1843	4	April	—	Gehilfe.

c. Katholische Distrikts-Schulinspectionen. *)

I. Distrikts-Schulinspection Ansbach.

Distriktsschulinspector: kgl. Pfarrer und Decan **Henning** in Ansbach
(besignirter Domcapitular an dem Metropolitancapitel zu Bamberg).

Nr.	Schulen.	Namen der Lehrer.	Geburtszeit.			Jahr der Anstellung.	Bemer-kungen.
			Jahr.	Tag.	Mo-nat.		
1	Bellershausen . .	Bögner, August	1842	5	März	1865	Provisor.
2	Gebsattel	Neber, Friedrich Jakob	1822	29	Juni	1855	398 fl.
3	Schillingsfürst . .	Hollwed, Joseph	1839	22	Jan.	1863	592 fl.
4	Sondernohe . . .	Fröhlich, Georg	1837	31	März	1861	
5	Unteraltenbernheim.	Gebhardt, Johann	1837	18	Juli	1860	
6	Birnsberg . . .	Buchner, Alois	1830	3	Juni	1858	413 fl.

II. Distrikts-Schulinspection Beilngries.

Distriktsschulinspector: kgl. Pfarrer **Beller** in Wissing.

Nr.	Schulen.	Namen der Lehrer.	Jahr.	Tag.	Mo-nat.	Jahr der Anstellung.	Bemer-kungen.
	Beilngries:						
1	Obere Knabenschule	Waizmann, Joseph	1823	13	Febr.	1845	666 fl.
2	Obere Mädchenschule	Müller, Wilhelm	1830	25	Mai	1857	413 fl.
3	Elementarschule, Provisorat . .	Albert, Sebastian	1845	13	Sept.	—	Verweser.
	Berching:						
4	Obere Knabenschule	Jakob, Jakob	1811	9	April	1832	443 fl.
5	Untere „ „	Eber, Anton	1823	15	Dez.	1847	394 fl.
6	Obere Mädchenschule	Beck, Amanda	—	—	—	—	arme
7	Mittlere „ „	Stechele, Arsenia	—	—	—	—	} Schul-
8	Untere „ „	Martin, Albertine	—	—	—	—	schwestern.
9	Burggriesbach . .	Rupp, Simon	1823	16	Dez.	1851	
10	Erasbach	Uschold, Karl	1843	6	März	1865	
11	Forchheim . . .	Lindinger, Xaver	1801	27	Jan.	1821	
12	Großalfalterbach .	Heß, Friedrich	1838	27	Febr.	1863	
13	Holnstein	Sturm, Georg Michael	1809	3	Aug.	1842	
14	Kevenhüll . . .	Morgott, Jakob	1815	15	Febr.	1841	
15	Kirchbuch . . .	Hauerstein, Mathias	1840	22	Nov.	1864	
16	Kottingwörth . .	Beith, Silverius	1821	11	März	1853	
17	Dening	Gebhard, Konrad	1839	16	Nov.	1864	
18	Paulushofen . .	Seiz, Daniel	1818	24	Oct.	1848	

*) Bezüglich der Einkommensziffer s. Bemerkung ad b. Protestantische Distrikts-Schulinspectionen.

Nr.	Schulen.	Namen der Lehrer.	Jahr	Tag.	Monat.	Jahr der Anstellung	Bemerkungen.
	Plankstetten:						
19	1. Schule	Delage, Heinrich	1807	15	Mai	1831	480 fl.
20	2. „ Provisorat	Ruppert, Karl	1844	5	Sept.	—	Verweser.
21	Pollanten	Fuchs, Georg	1811	28	April	1843	
22	Schnufenhofen	Auer, Ludwig	1839	11	April	1864	
23	Staufersbuch	Ullrich, Xaver	1835	25	Febr.	1861	
24	Töging	Schönhuber, Franz Xaver	1799	1	April	1824	351 fl.
25	Waldkirchen	Meyer, Peter Cölestin	1830	18	Mai	1854	381 fl.
26	Waltersberg	Inzenhöfer, Joh. Nepomuk	1825	5	Juni	1848	358 fl.
27	Weidenwang	Fuchs, Stephan	1804	31	März	1833	
28	Wissing	Steinl, Georg	1839	10	Dez.	1864	

III. Distrikts-Schulinspection Dinkelsbühl.

Distriktsschulinspector: kgl. Pfarrer **Wölfle** in Mühlingstetten.

Nr.	Schulen.	Namen der Lehrer.	Jahr	Tag.	Monat.	Jahr der Anstellung	Bemerkungen.
	Dürrwangen:						
1	1. Schule	Schreiner, Joseph	1817	14	Sept.	1843	437 fl.
2	2. „	Gordt, Joseph	1847	18	Juni	—	Gehilfe.
3	Großohrenbrunn	Muth, Joseph	1840	25	Febr.	1866	
4	Halsbach	Schreiner, Johann	1829	12	Juni	1860	377 fl.
5	Mühlingstetten, Prov.	Weigl, Joseph	1843	14	Mai	—	Verweser.
	Willburgstetten:						
6	1. Schule	Thiel, Georg	1829	15	Juni	1853	419 fl.
7	2. „	Herzog, Max	1843	12	März	—	Gehilfe.

IV. Distrikts-Schulinspection Eichstätt.

Distriktsschulinspector: kgl. Pfarrer **Hotter** in Wachenzell.

Nr.	Schulen.	Namen der Lehrer.	Jahr	Tag.	Monat.	Jahr der Anstellung	Bemerkungen.
1	Abelschlag	Girbinger, Joseph	1841	28	Dez.	1865	Provisor.
2	Biesenhard	Mangelsberger, Thomas	1825	29	April	1853	
3	Breitenfurth	Nar, Franz Xaver	1837	1	Oct.	1862	
4	Buchenhüll, Provis.	Dorr, Anton	1812	7	Mai	1840	wirtl. Lehrer.
5	Burgheim	Merl, Alois	1805	11	April	1831	351 fl.
6	Dollnstein, 1. Schule	Seehann, Johann Nepomuk	1814	28	Oct.	1840	413 fl.
7	„ 2. „	Leitner, Ludwig	1845	20	März	—	Gehilfe.
8	Egweil	Schnepper, Valentin	1812	4	Aug.	1844	
9	Hitzhofen	Hell, Michael	1804	22	Oct.	1830	
10	Landershofen	Eppenauer, Joseph	1837	22	Jan.	1861	
11	Lippertshofen	Eichhorn, Theodor	1839	19	Juli	1864	
12	Meilenhofen	Bauer, Franz	1833	13	Mai	1857	
13	Möckenlohe	Gast, Johann	1818	4	Oct.	1841	
14	Mörnsheim, 1. Schule	Morgott, Michael	1801	18	Jan.	1828	361 fl.
15	„ 2. „	Morgott, Johann Baptist	1846	30	April	—	Gehilfe.
16	Naffenfels	Härteiß, Johann Karl	1813	10	Dez.	1839	
17	Obereichstätt	Leitner, August	1837	4	Mai	1860	
18	Ochsenfeld	Brunner, Johann	1821	21	Dez.	1846	
19	Pietenfeld	Guggenberger, Leonhard	1828	30	März	1856	
20	Pollnfeld	Hafner, Andreas	1827	26	Nov.	1851	
21	Preith	Leitner, Franz Seraphim	1839	4	Oct.	1864	

Nr.	Schulen.	Namen der Lehrer.	Geburtszeit. Jahr.	Tag.	Mo-nat.	Jahr der Anstellung.	Bemer-kungen.
22	Ruppertsbuch . .	Merl, Willibald	1823	11	Jan.	1853	
23	Sappenfeld, z. Z. erl.	Schumann, Johann Georg	1848	18	Juni	—	Verweser.
24	Schernfeld . . .	Ritter, Mariophilus	1802	19	Nov.	1836	
25	Schönfeld, Provisorat	Russer, Willibald	1839	16	Mai	1867	
26	Seuversholz . . .	Hölzlein, Karl	1825	12	Dez.	1855	
27	Tauberfeld . . .	Rirner, Paul	1807	23	Jan.	1832	
28	Wachenzell . . .	Sonntag, Jakob	1835	17	Juli	1863	
29	Wasserzell . . .	Lutz, Michael	1828	28	Sept.	1860	
	Wellheim:						
30	Knabenschule . .	Fleischmann, Franz Sales	1825	12	Juli	1851	505 fl.
31	Mädchenschule . .	Allabar, Canuta	—	—	—	—	arme Schul-schwestern
		Wittmann, Raimunda					
32	Wolkertshofen . .	Herzog, Mar	1810	9	Oct.	1841	

V. Diſtrikts-Schulinſpection Ellingen.

Diſtriktsſchulinſpector: kgl. Pfarrer **Müller** in Pleinfeld.

Nr.	Schulen.	Namen der Lehrer.	Jahr.	Tag.	Mo-nat.	Jahr der Anstellung.	Bemerkungen.
1	Bechthal	Mayerhofer, Franz Xaver	1823	2	Sept.	1853	
2	Dorsbrunn . . .	Weller, Johann Baptist	1805	23	März	1832	
	Ellingen:						
3	Knabenschule . .	Ritz, Lorenz	1800	16	Sept.	1821	623 fl.
4	Mädchenschule .	Ziegler, Ludwig	1820	11	Febr.	1842	482 fl.
5	Elementarschule .	Münchsmayer, Karl	1834	2	Febr.	1862	396 fl.
6	Pfraunfeld . . .	Meyer, Mar Ludwig	1839	10	Mai	1865	
7	Pleinfeld, 1. Schule	Reeg, Leonhard	1796	20	Dez.	1820	457 fl.
8	„ 2. „	Gebhardt, Johann Heinrich	1802	31	März	1828	406 fl.
9	Raitenbuch . „	Sonntag, Johann	1829	4	Sept.	1859	
10	Stirn, 1. Schule .	Harth, Georg	1808	6	Juli	1833	
11	„ 2. „	Gehilfenstelle, z. Z. unbesetzt.	—	—	—	—	
12	Stopfenheim . . .	Knöbel, Johann Wolfgang	1827	23	Jan.	1851	383 fl.
13	Treuchtlingen, z. Z. erledigt . . .	Minzl, Adam	1842	26	Dez.	—	Verweser.
14	Sct. Veit . . .	Ulrich, Georg	1828	2	Febr.	1856	394 fl.

VI. Diſtrikts-Schulinſpection Greding.

Diſtriktsſchulinſpector: kgl. geiſtlicher Rath **Härteiß** in Obermäſſing.

Nr.	Schulen.	Namen der Lehrer.	Jahr.	Tag.	Mo-nat.	Jahr der Anstellung.	Bemerkungen.
1	Alldorf	Beckenbauer, Joseph	1819	17	April	1845	
2	Emsing . . .	Rotter, Nikolaus	1812	14	Dez.	1843	
3	Erkershofen . . .	Gemperl, Leonhard	1807	26	Sept.	1847	
4	Euerwang . . .	Schumann, Joseph	1831	8	Febr.	1853	
5	Greding, 1. Schule	Pletz, Andreas	1817	10	Juli	1835	393 fl.
6	„ 2. „	Rauscher, Johann Baptist	1810	10	Juni	1838	
7	Großhebing . . .	Veith, Johann	1819	5	Juli	1844	
8	Kaldorf . . .	Wölfel, Jakob	1829	20	Juli	1859	
9	Landershofen . . .	Brandmüller, Johann	1839	24	Nov.	1863	
10	Lohen, Provisorat .	Schönhuber, Franz Xaver	1845	18	Febr.	—	Verweser.

Nr.	Schulen.	Namen der Lehrer.	Jahr.	Tag.	Monat.	Jahr der Anstellung.	Bemer-kungen.
11	Morsbach	Kleemann, Johann	1821	18	Febr.	1848	
	Obermässing:						
12	1. Schule . . .	Beith, Raimund	1824	29	Dez.	1854	498 fl.
13	2. „ . . .	Engelhardt, Valentin	1845	4	Juli	—	Gehilfe.
14	Röckenhofen . . .	Buchner, Willibald	1816	6	Juli	1843	
15	Titting	Pemsel, Michael	1833	6	Jan.	1860	
16	Untermässing . .	Gerstner, Franz	1814	3	Oct.	1849	

VII. Diſtrikts-Schulinspection Herrieden.

Diſtriktsſchulinspector: kgl. Pfarrer **Reichenſtätter** in Burgoberbach.

Nr.	Schulen.	Namen der Lehrer.	Jahr.	Tag.	Monat.	Jahr der Anstellung.	Bemer-kungen.
1	Arberg, 1. Schule	Steiger, Friedrich	1811	3	Aug.	1840	469 fl.
2	„ 2. „	Eppenauer, Heinrich	1845	14	Oct.	—	Gehilfe.
3	Aurach, 1. Schule	Koch,* Johann Nikolaus	1794	16	Dez.	1820	392 fl.
4	„ 2. „	Gebhard, Johann Baptiſt	1845	29	Jan.	—	Gehilfe.
5	Burgoberbach . .	Werzinger, Marquard	1825	27	Febr.	1850	371 fl.
6	Elbersroth . . .	Jakob, Pius	1831	11	Juli	1857	
7	Großenried . . .	Meyer, Juſtinian	1827	5	Sept.	1858	385 fl.
	Großſeulenfeld:						
8	1. Schule . . .	Bitter, Ludwig	1822	11	März	1845	367 fl.
9	2. „ . . .	Schiffer, Sebaſtian	1848	11	Jan.	—	Gehilfe.
	Herrieden:						
10	Knaben-Oberſchule	Lang, Johann	1808	20	Dez.	1835	461 fl.
11	Knaben-Unterſchule	Müller, Anton	1809	2	Jan.	1837	465 fl.
12	Mädchen-Oberſchule	Wagner, Garzia	—	—	—	—	arme Schul-
13	Mädchen-Unterſchule	Huber, Rogatina	—	—	—	—	ſchweſtern.
14	Mörſach	Eppenauer, Karl	1838	15	Mai	1864	
15	Neuſtetten . . .	Lammerer, Wilhelm	1827	20	Oct.	1853	
16	Ornbau, 1. Schule	zur Zeit erledigt.	—	—	—	—	418 fl.
17	„ 2. „	Waizmann, Jakob	1832	6	März	1860	
18	Rauenzell . . .	Heß, Franz Anton	1806	21	Juli	1834	354 fl.
19	Weinberg . . .	Hollweck, Andreas	1800	11	Febr.	1833	
		Sturm, Johann	1846	13	Jan.	—	Gehilfe.

* Ehrenmünze des Ludwigordens (diente von 1818—1819 in der kgl. Armee).

VIII. Diſtrikts-Schulinspection Jphofen.

Diſtriktsſchulinspector: kgl. Pfarrer **Braun** in Ullſtadt.

Nr.	Schulen.	Namen der Lehrer.	Jahr.	Tag.	Monat.	Jahr der Anstellung.	Bemer-kungen.
1	Altmanshauſen .	Dichtl, Anton	1818	29	Juni	1843	
2	Bibart	Beith, Philipp	1821	8	Juli	1849	418 fl.
3	Birklingen . . .	Lochmüller, Johann	1843	11	Dez.	1866	Proviſor.
4	Dornheim . . .	Limberger, Joſeph	1827	27	Mai	1853	
5	Hemmersheim . .	Kohlmüller, Johann	1794	16	Nov.	1816	
6	Herbolzheim . .	Albert, Karl	1833	21	Febr.	1859	
	Jphofen:						
7	Knaben-Oberſchule	Maier, Georg Joſeph	1820	9	Sept.	1844	541 fl.
8	Knaben-Unterſchule	Herrlein, Georg Michael	1829	20	Oct.	1854	551 fl.
9	Mädchen-Oberſchule	Kreß, Nazaria	—	—	—	—	arme Schul-
10	Mädchen-Unterſchule	Meier, Maria Martha	—	—	—	—	ſchweſtern.
11	Mohheim	Schedel, Johann	1839	21	Juli	1863	
12	Seebaus, Proviſorat	Otto, Karl	1808	8	März	1829	
13	Ullſtadt	Bezold, Johann	1833	19	Febr.	1858	

IX. Distrikts-Schulinspection Kipfenberg.

Distriktsschulinspector: kgl. geistlicher Rath **Petermaier** in Haunstetten.

Nr.	Schulen.	Namen der Lehrer.	Jahr.	Tag.	Monat.	Jahr der Anstellung.	Bemerkungen.
1	Böhmfeld . . .	Hübner, Johann	1821	30	Mai	1846	
2	Denkendorf . . .	Buchner, Joseph	1819	3	Febr.	1844	
3	Dörndorf. . . .	Griesbauer, Michael	1835	26	Sept.	1863	
4	Entering	Pfaller, Sebastian	1804	13	Jan.	1829	
5	Gelbelsee	Hartung, Franz	1808	3	Oct.	1832	
6	Gungolding . . .	Faußner, Johann Nepomuk	1819	11	Oct.	1850	
7	Haunstetten . . .	Rotter, Karl	1826	6	Febr.	1857	
8	Hofstetten. . . .	Huppmann, Martin	1832	5	Jan.	1861	
9	Irfersdorf . . .	Kreppel, Georg	1823	16	Nov.	1850	
10	Irlabüll . . .	Ziegler, Max	1813	7	Juli	1842	
11	Kinding	Rauch, Johann Baptist	1824	2	März	1852	
12	Kipfenberg, 1. Schule	Nappolt, Franz	1803	31	Jan.	1824	488 fl.
13	„ 2. „	Weller, Paul	1837	8	Febr.	1863	Provisor.
14	Kirchanhausen . .	Geyer, Franz	1799	21	Aug.	1831	
		Stammler, Georg	1818	2	Mai	—	Gehilfe.
15	Pfahldorf	Baumeister, Mathias	1821	17	Febr.	1850	
16	Pfalzpaint . . .	Schönhuber, Wilhelm	1842	1	Juli	1865	
17	Schambach . . .	Meyer, Karl	1840	28	Jan.	1866	Provisor.
18	Schelldorf . . .	Zacherl, Johann	1835	13	Sept.	1863	
19	Walting	Gebhardt, Sigmund	1829	6	Jan.	1855	
20	Zaudt	Böhringer, Konrad	1842	20	April	1865	

X. Distrikts-Schulinspection Scheinfeld.

Distriktsschulinspector: kgl. Pfarrer **Stettner** in Oberscheinfeld.

Nr.	Schulen.	Namen der Lehrer.	Jahr.	Tag.	Monat.	Jahr der Anstellung.	Bemerkungen.
1	Appenfelden . . .	Schierlitz, Franz	1841	26	Aug.	1866	
2	Breitenlohe . . .	Fischer, Anton	1843	6	Oct.	1865	
3	Erlabrunn, z. Z. erl.	Geyer, Alois	1846	9	Febr.	—	Verweser.
4	Geiselwind . . .	Haupt, Paulus	1828	13	Nov.	1850	381 fl.
5	Kornhöfstadt, z. Z. erl.	Haberl, Franz Xaver	1846	12	Mai	—	Verweser.
6	Oberscheinfeld . .	Brügel, Georg	1824	9	Dez.	1849	528 fl.
7	Scheinfeld, 1. Schule	Gundermann, Joseph	1816	15	Aug.	1839	494 fl.
8	„ 2. „	Müller, Philipp	1821	27	Aug.	1844	532 fl.
9	Schwarzenberg . .	Schütz, Max Konrad	1807	4	Febr.	1828	365 fl.

XI. Distrikts-Schulinspection Schnaittach.

Distriktsschulinspector: kgl. Pfarrer **Höppler** in Schnaittach.

Nr.	Schulen.	Namen der Lehrer.	Jahr.	Tag.	Monat.	Jahr der Anstellung.	Bemerkungen.
	Bühl:						
1	1. Schule . . .	Strobel, Johann Michael	1804	20	Aug.	1836	491 fl.
2	2. „	Amend, Johann Adam	1841	29	Aug.	1867	
3	3. „ Provisorat	Gebhard, Konrad	1847	17	März	—	Verweser.
4	Helbmannsberg, Provisorat	Köchl, Johann	1845	18	Febr.	—	Verweser.

Nr.	Schulen.	Namen der Lehrer.	Jahr.	Tag.	Monat.	Jahr der Anstellung.	Bemerkungen.
5	Hormersdorf, Provis.	Jahn, Bernhard	1843	18	Febr.	—	Verweser.
6	Hüttenbach, isr.Schule	Lamm, Isaac Bernhard	1804	16	Febr.	1828	
7	Kersbach	Gaß, Peter	1811	14	Dez.	1839	390 fl.
	Kirchröttenbach:						
8	1. Schule . . .	Pemsel, Johann	1821	28	Aug.	1845	361 fl.
9	2. „ . . .	Strobel, August	1842	19	Juni	1865	
10	Marloffstein . . .	Fensterer, Anselm	1837	20	April	1863	
11	Neunkirchen am Sand	Karl, Felix Sebastian	1804	13	Jan.	1831	473 fl.
12	Schnaittach, 1. Schule	Schander, Franz Seraph	1824	5	Mai	1847	462 fl.
13	„ 2. „	Häberlein, Joseph	1836	20	Aug.	1861	400 fl.
14	„ Provisorat	zur Zeit unbesetzt.	—	—	—	—	
15	„ israel. Schule	Halle, David	1835	30	Aug.	1863	

XII. Diftrikts-Schulinspection Spalt.

Diftriktsschulinspector: kgl. Pfarrer **Bachmeier** in Absberg.

Nr.	Schulen.	Namen der Lehrer.	Jahr.	Tag.	Monat.	Jahr der Anstellung.	Bemerkungen.
1	Abenberg, 1. Schule	Hedl, Adam	1823	24	Dez.	1847	535 fl.
2	„ 2. „	Steinbrecher, Christian	1843	28	Febr.	1865	Provisor.
3	„ 3. „	zur Zeit unbesetzt.	—	—	—	—	
4	Absberg	Spieß, Joseph	1805	8	Mai	1828	444 fl.
5	Cronheim	Klein, Konrad	1818	13	Febr.	1844	360 fl.
6	Cronheim, isr. Schule	Hofmann, Hirsch	1839	6	Oct.	1864	
	Eschenbach:						
7	1. Schule . . .	Gordt, Ludwig	1810	26	Jan.	1834	550 fl.
8	2. „ . . .	Burger, Joseph	1830	2	Jan.	1857	429 fl.
9	3. „ Provisorat	Daiser, Johann	1843	25	Mai	—	Gehilfe.
10	Gnotzheim, 1. Schule	Aßmann, Sebastian	1808	8	Oct.	1832	447 fl.
11	„ 2. „	Ritz, Karl	1845	23	Jan.	—	Gehilfe.
12	Hagsbrunn . . .	Wilhelm, Johann	1825	29	März	1852	
	Mitteleschenbach:						
13	1. Schule . . .	Sturm, Wolfgang	1812	18	Nov.	1835	
14	2. „ . . .	Gehilfenstelle, z. 3. unbesetzt.	—	—	—	—	
15	Obererlbach . . .	Remberger, Michael	1839	13	Sept.	1863	
16	Obersteinbach . .	Ritter, Ludwig	1842	9	Oct.	1865	
	Spalt:						
17	Höhere Bürgerschule	Reber, Andreas	1833	4	Febr.	1866	Priester.
18	Knaben=Oberschule	Schiener,* Georg	1797	1	Febr.	1816	542 fl.
19	Knaben=Unterschule	Hofmeister, Paul	1814	26	Juni	1840	408 fl.
20	Mädchen=Oberschule	Petra, Maria	—	—	—	—	arme Schul=
21	Mädchen=Unterschule	Richilbis, Maria	—	—	—	—	schwestern.
22	Theilenberg . . .	Reeg, Johann Anton	1829	11	Oct.	1860	
23	Weißaurach . . .	Hlawatschek, Johann Franz	1813	18	Juli	1839	
24	Weingarten . . .	Schwarz, Joseph	1810	29	Mai	1835	

* Ehrenmünze des Ludwigordens.

B.
Verzeichniß der Schulamts-Candidaten.

a. Schuldienst-Aspiranten.

1. Protestantische.

Jahr der Anstell.-Prüfung.	Name.	Geburtsort.	Geburtszeit. Jahr	Tag	Monat	Derzeitige Verwendung.
1860	Federlein, Gottlieb	Neustadt a/A.	1835	5	Nov.	Hofmeister bei Sr. Erlaucht d. Grafen Almeda zu Lissabon.
1861	Fronmüller, Wilhelm	Fürth	1839	28	April	Institutslehr. i. Lindau.
„	Salffner, Eduard	Trautskirchen	1838	20	Oct.	Verweser in Nürnberg.
1862	Galsterer, Leonhard	Oberreutenbach	1840	4	Febr.	am Rücker'schen Institut zu Erlangen.
„	Preu, Theodor	Weißenburg	1840	7	Jan.	Verweser in Weißenbg.
„	Dollmann, Christian	Neustadt a/A.	1840	10	Febr.	Hilfslehrer an der Elementarsch. der k. Studienanstalt in Nürnb.
1864	Dorner, Georg	Kirschendorf	1837	24	Dez.	Lehrer und Hausvater auf dem Weinberg bei Ansbach.
„	Schwarz, Johann	Schwabach	1841	3	Nov.	Lehrer im Pfarrwaisenhaus zu Windsbach.
„	Leibig, Georg Konrad	Georgensgmünd	1841	20	Dez.	Verw. in Petersaurach.
„	Etschel, Joh. Adam	Treuchtlingen	1840	19	Juni	Verw. in Königshofen.
„	Kugler, Leonhard	Döckingen	1841	13	Juni	Verw. in Seubersdorf.
„	Bertlein, Jakob	Dottenheim	1841	27	Dez.	Gehilfe in Burtenbach (Schwaben).
„	Schneider, Georg	Engeltbal	1842	21	März	Verw. in Donauwörth (Schwaben).
„	Vort, Georg	Simonshofen	1838	13	Sept.	Gehilfe in Sulzbürg in der Oberpfalz.
1865	Vogtherr, Franz	Stübach	1842	30	Juni	Hilfslehrer an der Präparandenschule in Neustadt a/A.
„	Hirschmann, Christoph	Altdorf	1842	28	Nov.	Hilfslehrer am Schullehrerseminar Altdorf.
„	Henner, Eugen	Ansbach	1841	21	Nov.	Verweser in Nürnberg.
„	Lindner, Joh. Wolfg.	Offenhausen	1843	10	Juli	Verw. in Brobswinden.
„	Brunhübner, Friedrich	Rothenburg o/T.	1842	17	Oct.	Hilfslehrer an der Präparandenschule zu Rothenburg o/T.

Jahr der Anstell.-Prüfung.	Name.	Geburtsort.	Geburtszeit.			Derzeitige Verwendung.
			Jahr.	Tag.	Monat.	
1865	Theuerner, Friedrich	Wassermungenau	1842	28	Sept.	Gehilfe in Wassermungenau.
„	Galffner, Heinrich	Walb	1843	30	Oct.	Verweser in Dillingen.
„	Eberlein, August	Hellmitzheim	1841	29	Juni	Verweser in Dornheim.
„	Hiltner, Johann	Thalheim	1841	29	Mai	Verwef. in Bachhausen.
„	Weber, Ernst	Cabolzburg	1841	11	April	Hilfslehrer in Mitwitz (Oberfranken) (in die Concursreihe 1864 zurückversetzt).
„	Gröschel, Friedrich	Baiersdorf	1842	16	Juni	Gehilfe in Lanzenrieb (Oberbayern).
„	Zippelius, Friedrich	Fischbach	1841	27	März	Gehilfe in Eysölden.
1866	Rohmeder, Wilhelm	Heidenheim	1843	8	Juni	Seminarhilfslehrer in Schwabach.
„	Weiß, Friedrich	Untermosbach	1844	8	Mai	Gehilfe in Elpersdorf.
„	Stengel, Andreas	Wachstein	1844	1	April	Verw. in Kirchrimbach.
„	Bär, Balthasar	Leutershausen	1843	10	Mai	Hilfslehrer an der Präparandenschule in Schwabach.
„	Zippelius, Georg	Fischbach	1842	23	Juli	Gehilfe in Lauzendorf (Oberfranken).
„	Braun, Karl	Wassertrübingen	1842	11	Nov.	Verwef. in Dietersdorf.
„	Schramm, Paul	Großhabersdorf	1843	16	Jan.	Gehilfe in Fürth.
„	Wiesmath, Paul	Wassertrübingen	1844	30	April	Verweser in Langfurt.
„	Schramm, Nikolaus	Großhabersdorf	1843	18	Aug.	Gehilfe in Bürglein.
„	Will, Leonhard	Brunn	1842	23	Juli	Gehilfe in Kraftshof.
„	Elbinger, Thomas	Rennhofen	1842	25	Oct.	Hilfslehrer am Marienstift in Fürth.
„	Dürr, Michael	Rothenburg o/T.	1843	27	März	Gehilfe in Willmersreuth (Oberfranken).
„	Zapf, Melchior	Mkt. Bergel	1841	3	Sept.	Verweser in Jochsberg.
„	Weber, Konrad	Forth	1843	15	Dez.	Gehilfe in Rückersdorf.
„	Schramm, Alexander	Rockenbrunn	1843	11	Febr.	Gehilfe in Bruck.
„	Gebhardt, Johann	Sct. Jobst	1841	19	Sept.	Verweser in Leutendorf (Oberfranken).
„	Meißner, Heinrich	Offenhausen	1842	8	Dez.	Geh. in Oberferrieden.

2. Katholische.

1865	Mingl, Adam	Diepoldsdorf	1842	26	Dez.	Verw. in Treuchtlingen.
„	Daiser, Johann	Obermässing	1843	25	Mai	Geh. in Obereschenbach.
1866	Jahn, Bernhard	Denkendorf	1843	18	Febr.	Verw. in Hormersdorf.
„	Weigl, Joseph	Absberg	1843	14	Mai	Verw. i. Rühlingfletten.

b. Schuldienst-Expectanten.

1. Protestantische.

Seminar-Austritt.	Name.	Geburtsort.	Geburtszeit.			Derzeitige Verwendung.
			Jahr.	Tag.	Monat.	
1859	Volkert, Georg	Unterferrieden	1840	21	Sept.	z. Z. wegen Krankheit beurlaubt.
1861	Klee, Wilhelm	Unterampfrach	1841	5	Dez.	Gehilfe in Schwebheim.
1862	Bär, Christian	Göttelsdorf	1843	26	April	Verweser in Diespeck.
„	Eberlein, Joh. Adam	Hellmitzheim	1843	1	Mai	Institutslehr. i. Segnitz.
„	Wehr, Andreas	Brunn	1843	20	Aug.	Oberbayern.
1863	Arnold, Friedrich	Dottenheim	1845	22	April	Gehilfe in Roßstall.
„	Autenrieth, Wilhelm	Leuzenbronn	1842	28	Mai	Vw. i. Gräfensteinberg.
„	Beck, Georg Karl	Feuchtwangen	1844	28	Juni	Hilfslehrer i. Puckenhof.
„	Bieber, Johann	Obermögersheim	1842	4	Dez.	Gehilfe in Obermögersheim.
„	Bomhard, Theodor	Dorfkemmathen	1843	16	Juli	Gehilfe in Breitenau.
„	Böttler, Georg	Lentersheim	1844	4	Febr.	Gehilfe in Döckingen.
„	Brather, Leonhard	Dietersheim	1844	23	Dez.	Gehilfe in Hechlingen.
„	Grau, Joh. Wolfg.	Gutenstetten	1845	27	April	Gehilfe in Ottensoos.
„	Hämmel, Karl Theodor	Kraftshof	1843	4	April	Gehilfe in Zirndorf.
„	Hertlein, Georg	Dietersheim	1844	15	Sept.	Gehilfe in Velben.
„	Hoffmann, Georg	Eltersdorf	1844	17	März	Gehilfe in Lauf.
„	Himmler, Leonhard	Wüstendorf	1840	10	Mai	Gehilfe in Nürnberg.
„	Joseph, Adolph	Uffenheim	1843	29	Sept.	Geh. in Frankenheim.
„	Kohl, Joh. Leonhard	Raubenheim	1843	26	Mai	Gehilfe in Sulzbürg (Oberpfalz).
„	Kreiselmeier, J. Gg. K.	Deutenbach	1844	24	Juni	Gehilfe in Barthelmesaurach.
„	Lang, Gustav	Preuntsfelden	1845	4	Febr.	Verweser in Roßbach.
„	Lober, Georg	Döckingen	1845	9	März	Verw. in Cabolzburg.
„	Matthäus, Paul	Westheim	1844	21	April	Gehilfe in Emskirchen.
„	Ranf, Georg	Frohnhof	1845	21	April	Gehilfe in Schweinau.
„	Riedel, Johann Georg	Neustadt a/A.	1842	22	Febr.	Gehilfe in Diespeck.
„	Rieß, Konrad	Obernzenn	1845	23	Febr.	Gehilfe in Solnhofen.
„	Rosa, Johannes	Herrnneuses	1845	7	April	Gehilfe in Bechhofen.
„	Roth, August	Leutershausen	1844	10	Aug.	Hilfslehrer an der Präparandenschule in Wassertrüdingen.
„	Rudolphi, Karl	Neustadt a/A.	1842	15	März	Gehilfe in Emskirchen.
„	Schmidfiller, J. Moritz	Möhrendorf	1845	25	März	Gehilfe in Möhrendorf.
„	Schönberger, J. Paul	Georgensgmünd	1844	7	Febr.	Verw. in Ammelbruch.
„	Simon, Karl	Hensenfeld	1845	13	Jan.	im Methsieder'schen Institut in Nürnberg.
„	Schwarz, Leonhard	Leutershausen	1841	17	Dez.	Geh. in Krautostheim.
„	Vogel, Konrad	Kirchsembach	1845	23	Febr.	Gehilfe in Langenzenn.
„	Vogel, Max	Ippesheim	1843	29	Juli	Gehilfe in Uttenreuth.
„	Werner, Karl Frbr. W.	Weissenkirchberg	1843	19	Dez.	Verw. in Schalkhausen.
1864	Arnold, August	Dennenlohe	1844	15	Mai	Verweser in Bernlohe.
„	Baumgärtner, Ludwig	Sachsen	1844	3	März	Gehilfe in Sachsen.
„	Beyer, Friedrich	Rothenburg o/T.	1846	3	Jan.	Geh. in Gunzenhausen.
„	Dengler, Joseph	Dürrenmungenau	1843	16	Juni	Geh. in Weissenbronn.

Seminar-Austritt.	Name.	Geburtsort.	Jahr.	Tag.	Monat.	Derzeitige Verwendung.
1864	Dinkelmeyer, Leonh.	Hohentrüdingen	1845	23	April	Verweser in Wülzburg.
„	Drechsel, Albrecht	Absberg	1845	9	Mai	Gehilfe in Ipsheim.
„	Eberhardt, Ulrich	Hersbruck	1845	1	Juni	z. Z. wegen Krankheit beurlaubt.
„	Eichner, Mich. Friedr.	Ohrenbach	1844	29	Sept.	Verwes. in Untermichelbach.
„	Eizinger, Joh. Friedr.	Hechingen	1844	27	Juni	Gehilfe in Feldkirchen (Oberbayern).
„	Feuchtenberger, J. Ge.	Weimersheim	1846	16	Jan.	Gehilfe in Offenbau.
„	Grillenberger, Georg	Bernhardswinden	1846	8	März	Gehilfe in Burghaslach.
„	Gagstetter, Gustav	Treuchtlingen	1845	20	Juni	Gehilfe in Rohr.
„	Hammerbacher, J. Chr.	Schwabach	1845	21	Juni	Gehilfe in Lehrberg.
„	Hauer, Erdmann	Windsbach	1845	8	Sept.	Gehilfe in Lehrberg.
„	Hirschmann, Karl	Weißenburg	1845	16	Nov.	Gehilfe in Zirndorf.
„	Mäßner, Christian	Segringen	1845	30	Juni	Gehilfe in Wendelstein.
„	Maurer, Thomas	Dürrenmungenau	1843	11	Juli	Gehilfe in Unterampfrach.
„	Neubauer, Friedrich	Treuchtlingen	1846	24	Jan.	Geh. in Trautskirchen.
„	Neusinger, Wilhelm	Pommelsbrunn	1846	23	März	Gehilfe in Alfeld (Oberpfalz).
„	Sauermann, Johann	Gerhardshofen	1844	7	Sept.	Geh. in Gerhardshofen.
„	Schilffarth, Ludwig	Rothenburg o/T.	1844	25	Aug.	Gehilfe in Neuhof.
„	Schlegel, Karl	Dottenheim	1843	27	Juli	Gehilfe in Dottenheim.
„	Schnürlein, Johann	Windsbach	1845	17	Aug.	Gehilfe in Beerbach.
„	Schöller, Johann	Altdorf	1845	26	Dez.	Gehilfe an der israel. Schule in Sulzbürg (Oberpfalz).
„	Schön, Emil	Oettingen	1845	17	Febr.	Geh. in Perlach (Oberbayern).
„	Uebler, Julius	Baudenbach	1843	25	Nov.	Gehilfe in Baudenbach.
„	Wagner, Leonhard	Großbreitenbronn	1844	8	Nov.	Geh. in Friedrichshofen (Oberbayern).
„	Winkler, Friedrich	Schwabach	1846	21	Febr.	Gehilfe in Kornburg.
„	Zantner, Stephan	Altdorf	1845	20	Juli	Geh. in Kirchsittenbach.
„	Zippelius, Karl	Happurg	1844	15	Mai	Geh. i. Pommelsbrunn.
1865	Beyerlein, Friedrich	Altenmuhr	1845	28	Sept.	Geh. in Schauerheim.
„	Borberger, Heinrich	Ohrenbach	1846	13	März	Gehilfe in Ohrenbach.
„	Braun, Johann	Hechlingen	1844	26	Juli	Gehilfe in Pyrbaum (Oberpfalz).
„	Braun, Georg	Merkendorf	1846	31	Aug.	Gehilfe in Großhaslach.
„	Brechtel, Johann	Dettenheim	1846	15	April	Gehilfe in Graben.
„	Buckel, Karl	Segringen	1847	15	Jan.	Gehilfe in Baiersdorf.
„	Bauer, Michael	Dambach	1846	31	Oct.	Verweser in Redwitz (Oberfranken).
„	Brechtel, Simon	Altdorf	1847	18	Aug.	Gehilfe an der Elementarschule der k. Studienanstalt Nürnberg.
„	Deeg, Christian	Thürnhofen	1846	2	Febr.	Verw. in Windsheim.
„	Dozler, Wilhelm	Weimersheim	1845	10	Aug.	Verweser in Rudendorf (Unterfranken).
„	Ebert, Georg	Hüssingen	1845	31	Juli	Gehilfe in Dentlein.
„	Eisen, Theodor	Hensenfeld	1846	6	Juni	Gehilfe in Beerbach.
„	Fink, Michael	Ziegenbach	1845	7	Jan.	Gehilfe in Nordheim.

Seminar-Austritt.	Name.	Geburtsort.	Geburtszeit.			Derzeitige Verwendung.
			Jahr.	Tag.	Monat.	
1865	Fleischmann, Georg	Pappenheim	1847	1	März	Gehilfe in Bergen.
„	Goppelt, Leonhard	Schwabach	1847	17	Aug.	Gehilfe i. Offenhausen.
„	Karl, Leonhard	Rothenburg o/T.	1846	27	Jan.	Verweser in Georgens-gmünd.
„	Kern, Johann	Leutershausen	1846	20	Dez.	Gehilfe in Wieseth.
„	Kornber, Michael	Pfahlenheim	1846	19	Juli	Verweser in Nasch.
„	Krach, Konrad	Roth	1845	18	Mai	Verw. i. Großkarolinen-feld (Oberbayern).
„	Lacher, Heinrich	Penzenberg	1846	4	Nov.	Gehilfe in Offenhausen.
„	Luy, Johann	Weißenburg	1846	28	Juli	Verweser in Lehsten (Oberfranken).
„	Maurer, Ferdinand	Zandt	1846	7	Mai	Verwes. in Rockenbach.
„	Meier, Adam	Daunhausen	1846	22	April	Gehilfe in Eibach.
„	Meister, Friedrich	Neustadt a/A.	1844	8	Juli	Gehilfe in Schnabel-waid (Oberfranken).
„	Meyer, Emanuel	Nürnberg	1846	27	Dez.	Geh. in Kirchfarrnbach.
„	Meyer, Friedrich	Welchenholz	1847	27	April	Gehilfe in Mönchsroth.
„	Pfeiffer, Georg	Oberhochstadt	1846	30	Dez.	Gehilfe in Rennslingen.
„	Prosiegel, Ludwig	Berolzheim	1847	22	Febr.	Geh.i.Georgensgmünd
„	Pfeiffer, Rudolph	Unterusselbach	1846	5	Jan.	Gehilfe in Dachsbach.
„	Rupp, Christian	Ostheim	1847	11	Jan.	Gehilfe in Lauf.
„	Schmidt, Konrad	Neustadt a/A.	1844	18	März	Gehilfe in Stübach.
„	Schnabel, Friedrich	Wittelshofen	1846	11	Dez.	Verw. in Glaishammer.
„	Schuh, Georg	Fürth	1846	17	Nov.	Gehilfe in Fürth.
„	Seitz, Leonhard	Hohenstadt	1846	20	Sept.	Verweser in Keidenzell.
„	Simon, Johannes	Hansenfeld	1846	9	Juli	Hilfslehr. i. Wohl'schen Institut zu Marktbreit.
„	Stabelmann, Wilhelm	Windsheim	1844	29	März	Verweser i. Windsheim.
„	Strebel, Leonhard	Simonshofen	1845	9	Dez.	Verw. in Sausenhofen.
„	Salffner, Karl	Wald	1846	16	Jan.	Gehilfe in Merkendorf.
„	Schäblen, Karl	Neibhardswinden	1845	12	Dez.	Gehilfe in Poppenreuth.
„	Seiler, Aug. Friedr.	Auernheim	1845	12	Dez.	Verweser in Faulenberg.
„	Vogt, Heinrich	Wassertrüdingen	1846	18	Juli	Gehilfe in Ehingen.
„	Zimmermann, Georg	Schwabach	1847	4	Jan.	Geb. in Cammerstein.
1866	Beck, Friedrich	Weiltingen	1847	3	Oct.	Gehilfe in Wieseth.
„	Berger, Wilhelm	Weißenburg	1848	23	Oct.	Geb. in Treuchtlingen.
„	Böhner, Friedrich	Neustadt a/A.	1847	23	Sept.	Gehilfe in Neustadt a/A.
„	Breit, Friedrich	Eyb	1846	2	Oct.	Gehilfe in Weigenhausen.
„	Buck, Michael	Altenmuhr	1847	22	Sept.	Gehilfe in Entenberg.
„	Feurer, Max	Nürnberg	1845	14	März	Verweser in Haundorf.
„	Gassenmeyer, Johann	Schwabach	1848	23	Febr.	Gehilfe in Schwabach.
„	Grosch, Friedrich	Brunn	1845	2	Nov.	Geh. in Speichersdorf (Oberpfalz).
„	Hagendorn, Friedrich	Feuchtwangen	1848	27	Aug.	Gehilfe in Roßstall.
„	Hauerstein, Christian	Grünthal bei Röt-tenbach	1847	9	Juli	Geh. in Sammenheim.
„	Hantsch, Friedrich	Rothenburg o/T.	1848	28	April	Geh. in Bertholdsdorf.
„	Hoffmann, Lorenz	Röttenbach	1848	26	Febr.	Gehilfe in Colmberg.
„	Hübler, Michael	Ursheim	1847	11	Juli	Gehilfe in Ursheim.
„	Hübner, Michael	Sachsen	1847	25	Aug.	Gehilfe in Schopfloch.
„	Kamberger, Simon	Neuendettelsau	1847	22	Juni	Geh. i. Neuendettelsau.
„	Kipfmüller, Georg	Unterasbach	1846	2	Juni	Gehilfe in Mosbach.
„	Körber, Heinrich	Wöhrd	1848	24	Jan.	Gehilfe in Gabolzburg.

Seminar-Austritt.	N a m e.	Geburtsort.	Geburtszeit.			Derzeitige Verwendung.
			Jahr.	Tag.	Mo-nat.	
1866	Kolb, Johannes	Mkt. Erlbach	1848	18	Juni	Geh. in Schnobsenbach.
„	Karpf, Georg	Wiebersbach	1845	24	Oct.	Gehilfe in Stein.
„	Lechler, Wilhelm	Dinkelsbühl	1848	31	Jan.	Geh. in Gunzenhausen.
„	Linnert, Georg	Altdorf	1848	26	März	Gehilfe in Herolbsberg.
„	Lupp, Friedrich	Leipheim (Schwab.)	1847	2	März	Gehilfe in Uehlfeld.
„	Merz, Karl	Weißenburg	1847	21	Juli	Gehilfe in Weitsbronn.
„	Moser, Friedrich	Feuchtwangen	1847	13	Oct.	Gehilfe in Leerstetten.
„	Merkel, Johann	Neustadt a/A.	1847	1	Mai	Geh.i.Hohentrüdingen.
„	Pfahler, Michael	Theilenhofen	1847	24	Juni	Gehilfe in Gerolfingen.
„	Oechslein, Karl	Unterschwaningen	1846	22	Oct.	Gehilfe in Mögeldorf.
„	Oppel, Konrad	Velden	1848	9	Febr.	Verweser in Happurg.
„	Riedel, Heinrich	Feuchtwangen	1847	10	Dez.	Gehilfe in Steinhardt.
„	Ruhl, Michael	Gollhofen	1846	26	Mai	Gehilfe in Ergersheim.
„	Schärtel, Joseph	Großreuth	1846	29	Oct.	Gehilfe in Kalchreuth.
„	Schmidtner, Friedrich	Dottenheim	1847	1	Juni	Gehilfe in Altenstadt (Oberpfalz).
„	Teufel, Friedrich	Neustadt a/A.	1845	10	Sept.	Gehilfe in Ottenhofen.
„	Vogt, Friedrich	Schillingsfürst	1846	12	Oct.	Gehilfe in Jücsheim.
„	Wagner, Karl	Großbreitenbronn	1844	28	Juli	Geh. in Langenaltheim.
„	Zorn, Karl	Tauberzell	1848	6	März	Gehilfe in Schopfloch.

2. Katholische.

Seminar-Austritt.	N a m e.	Geburtsort.	Geburtszeit.			Derzeitige Verwendung.
			Jahr.	Tag.	Mo-nat.	
1863	Engelhardt, Valentin	Ornbau	1845	4	Juli	Gehilfe in Obermässing.
„	Gebhardt, Joh. Bapt.	Kirchröttenbach	1845	29	Jan.	Gehilfe in Anrach.
„	Herzog, Max	Wolkertshofen	1843	12	März	Geh. in Wilburgstetten.
„	Kluy, Sebastian	Kipfenberg	1844	17	Nov.	Seminarhilfslehrer in Eichstätt.
„	Köchl, Joh. Baptist	Hüttenbach	1845	18	Febr.	Vw. i. Heldmannsberg.
„	Leitner, Ludwig	Dollnstein	1845	22	März	Gehilfe in Dollnstein.
„	Pfaller, Joseph	Preith	1845	8	Jan.	Verw.i.Burggriesbach.
„	Ritz, Karl	Ellingen	1845	23	Jan.	Gehilfe in Gnotzheim.
„	Schönhuber, Frz. Xav.	Töging	1845	18	Febr.	Verweser in Lohen.
„	Sterner, Mathäus	Schillingsfürst	1844	8	Aug.	Hilfslehrer an der Prä-par.schule i. Pleinfeld.
1864	Brandmüller, Georg	Kirchröttenbach	1846	14	Juni	Seminarschulverwes. in Eichstätt.
„	Eppenauer, Heinrich	Arberg	1845	14	Oct.	Gehilfe in Arberg.
„	Haberer, Xaver	Kipfenberg	1846	12	Mai	Vw. i.Großalfalterbach.
„	Häberlein, Franz	Schillingsfürst	1846	6	März	Hilfslehrer an der Prä-par.schule i. Pleinfeld.
„	Morgott, Joh. Bapt.	Mörnsheim	1846	30	April	Gehilfe in Mörnsheim.
„	Ruppert, Karl	Kleinsassen (Unter-franken)	1844	5	Sept.	Verwes. in Plankstetten.
„	Sturm, Johann	Oening	1846	13	Jan.	Gehilfe in Weinberg.
1865	Gebhard, Konrad	Kirchröttenbach	1847	17	Aug.	Verweser in Bühl.
„	Geyer, Alois	Kirchanhausen	1846	9	Febr.	Geh. in Kirchanhausen.
„	Gordt, Joseph	Eschenbach	1847	18	Juni	Geh. in Dürrwangen.
1866	Schiffer, Sebastian	Kersbach	1848	11	Jan.	Gehilfe in Herrieden.
„	Schmidt, Georg	Kirchröttenbach	1848	26	Juni	Verweser in Eichstätt.
„	Schuhmann, Joh. Gg.	Schnaittach	1848	18	Juni	Verwes. in Sappenfeld.
„	Stammler, Georg	Schnaittach	1848	2	Mai	Verweser in Erlabrunn.

C.
Präparanden - Schulen.

a. Protestantische.

Nr.	Schulen.	Namen der Lehrer.	Geburtszeit.			Jahr der Anstellung.	Bemerkungen.
			Jahr.	Tag.	Monat.		
1	Neustadt a/A. . .	Inspector: kgl. Pfarrer u. Decan Bauer	—	—	—	—	
		Hauptlehrer: Schäfer, Johann	1818	10	Juni	1841	
		Hilfslehrer: Vogtherr, Franz	1842	30	Juni	—	
2	Rothenburg o/T. .	Inspector: kgl. Pfr. u. Decan Dr. Mögelin	—	—	—	—	
		Hauptlehrer: Oertel, David	1821	14	Febr.	1852	
		Hilfslehrer: Brunhübner, Friedr. Wilhelm	1842	17	Oct.	—	
3	Schwabach . . .	Inspector: kgl. Pfarrer Kellner . . .	—	—	—	—	
		Hauptlehrer: Huß, Johann Peter . . .	1834	18	Juni	1862	
		Hilfslehrer: Bär, Balthasar	1843	10	Mai	—	
4	Wassertrübingen .	Inspector: kgl. Pfarrer u. Decan Clarus	—	—	—	—	
		Hauptlehrer: Löhrl, Friedrich	1838	8	Febr.	1866	
		Hilfslehrer: Roth, August	1844	10	Aug.	—	

b. Katholische.

5	Pleinfeld . . .	Inspector: kgl. Pfarrer Müller . . .	—	—	—	—	
		Hauptlehrer: Metzger, Johann	1827	2	Juni	1850	
		Hilfslehrer: 1. Häberlein, Franz . . .	1846	6	März	—	
		2. Sterner, Mathias . .	1844	8	Aug.	—	

D.

Conferenz-Vorstände zur Fortbildung der Schuldienst-Expectanten

nach §. 102 des Normativs vom 29. September 1866.

---

a. Schulcommissionen.

Die Herren:

Ansbach: Panzer, Ferdinand.
Dinkelsbühl: Eichhorn, Franz.
Eichstätt: Prager, Martin.
Erlangen: Lutz, Heinrich.
Fürth: Heinlein, Friedrich.
Nürnberg: Bauer, Johann Friedrich.
Rothenburg o/T.: Hirschmann, Friedrich Wilhelm.
Schwabach: Winkler, Georg.
Weißenburg: Berger, Karl.

b. Protestantische Distrikts-Schulbezirke.

Die Herren:

Altdorf: Brechtel, Christian zu Altdorf.
Ansbach: Panzer, Ferdinand in Ansbach.
Burghaslach: Strauß, Georg in Burghaslach.
Cadolzburg: Meyer, Georg Leonhard in Seckendorf.
      Ludwig, Johann Friedrich in Roßstall.
Dinkelsbühl: Heckel, Wilhelm in Segringen.
      Christ, Friedrich Johann in Schopfloch.
Einersheim: Schilffarth, Heinr. Karl in Mkt. Einersheim.
Erlangen: Hartmann, Johann Georg in Baiersdorf.
      Schall, Johann Georg in Forth.
Mkt. Erlbach: Kolb, Johann Friedrich in Mkt. Erlbach.
      Rohn, Johann Sebald in Wilhelmsdorf.
Feuchtwangen: Hauser, Johann Karl in Feuchtwangen.
Gunzenhausen: Lechner, Georg Kaspar in Aha.
      Kolb, Johann Georg in Altenmuhr.
Heidenheim: Hafner, Anton Friedrich in Windsfeld.
Heilsbronn: Hilpmann, Johann Georg in Windsbach.
Hersbruck: Schilffarth, Karl Albrecht in Hersbruck.
Insingen: Uhl, August in Frankenheim.
Lauf: Bauer, August in Lauf.
Leutershausen: Koch, Georg Philipp in Mittelbachstetten.
      Andreae, Wilhelm in Leutershausen.

6

Neustadt a/A.: Lutz, Johann Michael in Neustadt a/A.
Nürnberg: Arlt, Georg in Sct. Leonhard.
Pappenheim: Schöner, Johann in Bieswang.
Roth: Langfritz, Johann in Roth.
Rothenburg o/T.: Gebhardt, Georg Wilhelm in Gattenhofen.
Schwabach: Winkler, Johann Georg in Schwabach.
Thalmässingen: Arold, Konrad in Thalmannsfeld.
Uffenheim: Saueracker, Georg in Gülchsheim.
Wassertrüdingen: Wiesmath, Konrad in Wassertrüdingen.
Weißenburg: Ganser, Johann in Holzingen.
Windsheim: Daumenlang, Johann in Mkt. Ipsheim.
    Neumeister, Johann Paul in Burgbernheim.
Zirndorf: Schurig, Johann Friedrich in Zirndorf.

c. Katholische Distrikts-Schulbezirke.

Die Herren:

Ansbach: zur Zeit ohne conferenzpflichtige Erspectanten.
Beilngries: Eber, Anton in Berching.
Dinkelsbühl: Eichhorn, Franz in Dinkelsbühl.
Eichstätt, Leitner, August in Obereichstätt.
Ellingen: Münchsmayer, Karl in Ellingen.
Greding: Schuhmann, Joseph in Euerwang.
Herrieden: Jakob, Pius in Elbersroth.
    Steiger, Friedrich in Arberg.
Iphofen: Maier, Georg Joseph in Iphofen.
    Bezold, Johann in Ullstadt.
Kipfenberg: Rappolt, Franz in Kipfenberg.
Scheinfeld: Gundermann, Joseph in Scheinfeld.
Schnaittach: Schander, Franz in Schnaittach.
Spalt: Hofmeister, Paul in Spalt.

Veränderungen während des Druckes.

Nr.	Schulen.	Namen der Lehrer.	Geburtszeit.			Jahr der Anstellung.	Bemer- kungen.
			Jahr.	Tag.	Mo- nat.		

V. Local-Schulcommission Fürth. (S. 3—4.)

Die untere Knaben=Hilfsschule, Lehrer Schramm (Nr. 11) und die untere Mädchen=Hilfsschule, Lehrer Rupprecht (Nr. 22) wurden aufgelöst und dagegen die Errichtung zweier Parallelklassen für die obere Knaben=Elementarklasse (Nr. 9, Lehrer Keller) und die obere Mädchen=Elementarklasse (Nr. 19, Lehrer Hirschmann) und deren Besetzung mit wirklichen Lehrern beschlossen.

Der Stand der protestantischen Schulen in Fürth wird sohin am 1. Mai 1867 folgender sein:

	Knaben=	Mädchen=
	Schulen.	
Obere Oberklasse	Lehrer Birkner.	Lehrer Höchstetter.
Untere Oberklasse	„ Häßner.	„ Schmeißer.
Obere Mittelklasse	„ Heinlein.	„ Albrecht.
Untere Mittelklasse	„ Braunstein.	„ Leikauf.
Obere Elementarklasse . . .	„ Keller.	„ Hirschmann.
Neuerrichtete Parallelklasse	„	„
Mittlere Elementarklasse . .	„ Kimmel.	„ Martini.
Parallelklasse	„ Holfelder.	„ Rosa.
Untere Parallelklasse . . .	„ Auernheimer.	„ Ohr.
Parallelklasse	„ Stiefel.	„ Löhrl.
Hilfsschule	„ Schuh.	„ Fehlhammer.

VI. Local-Schulcommission Nürnberg. (S. 5.)

Die beiden Parallelunterklassen der Lorenzer Mädchenschulen (Nr. 30 und 31) werden unter einem wirklichen Lehrer vereinigt und zur Vorbereitungsklasse dieser Schulen (Nr. 32) eine Parallelklasse errichtet.

II. Distrikts-Schulinspection Ansbach. (S. 10.)

| 10 | Gräfenbuch . . . | Babel, Wilhelm . . . . | 1841 | 30 | Juni | 1867 | Provisor. |

III. Distrikts-Schulinspection Burghaslach. (S. 10.)

| 8 | Kirchrimbach (z. B. erledigt . . . . | Stengel, Andreas . . . . | 1844 | 1 | April | — | Verweser. |

IV. Distrikts-Schulinspection Cadolzburg. S. 11.)

| 3 | Cadolzburg, 1. Schule | Ebenauer, J. Friedrich . . | — | — | — | — | |
| 22 | Veitsbronn . . . | Merz, Karl . . . . . | 1847 | 21 | Juli | — | Gehülfe. |

VI. Distrikts-Schulinspection Einersheim. (S. 12.)

| 17 | Weigenheim . . . . | Breit, Friedrich . . . . | 1841 | 6 | Aug. | — | Gehülfe. |

VIII. Distrikts-Schulinspection Erlbach. (S. 13.)

| 4 | Dietenhofen, 2. Schule | Vogtherr, Friedrich . . . | 1838 | 27 | Sept. | 1862 | |

Nr.	Schulen.	Namen der Lehrer.	Geburtszeit. Jahr.	Tag.	Mon. nat.	Jahr der Anstellung.	Bemerkungen.

IX. Distrikts-Schulinspection Feuchtwangen. (S. 14.)

| 14 | Haunsdorf, z. Z. erl. | Feurer, Max | 1845 | 14 | März | — | Verweser. |
| 26 | Unterampfrach: 2. Schule | Maurer, Thomas | 1843 | 11 | Juni | — | Gehilfe. |

X. Distrikts-Schulinspection Gunzenhausen. (S. 15.)

| 20 | Merkendorf, 1. Schule | Leyh, Leonhard | 1821 | 6 | Juni | 1856 | |

XII. Distrikts-Schulinspection Heilsbronn. (S. 17.)

| 20 | Wattenbach | Horn, Edmund | 1841 | 7 | Mai | 1867 | Provisor. |

XIII. Distrikts-Schulinspection Hersbruck. (S. 17.)

| 8 | Happurg, 2. Schule | Oppel, Konrad | 1848 | 9 | Febr. | — | Verweser. |

XIV. Distrikts-Schulinspection Insingen. (S. 18.)

| 4 | Faulenberg, z. Z. erl. | Seiler, Friedrich August | 1845 | 12 | Dez. | — | Verweser. |

XX. Distrikts-Schulinspection Roth. (S. 21.)

	Georgensgmünd:						
4	1. Schule, z. Z. erl.	Karl, Leonhard	1846	27	Juni	—	Verweser.
6	3. „	Prostegel, Ludwig	1847	22	Febr.	—	Gehilfe.

XXII. Distrikts-Schulinspection Schwabach. (S. 23.)

| 22 | Schwand, 2. Schule | Steinmetz, Leonhard | 1841 | 6 | Aug. | 1867 | Provisor. |

XXIV. Distrikts-Schulinspection Uffenheim. (S. 24.)

1	Adelhofen	zur Zeit erledigt.	—	—	—	—	
	Uffenheim:						
24	Knaben-Oberklasse	Obere Abtheilung, neuerrichtet.	—	—	—	—	600 fl. *)
		Untere „ Lehrer Ratz.	—	—	—	—	

II. Distrikts-Schulinspection Beilngries. (S. 28.)

| 9 | Burggriesbach (z. Z. erledigt) | Pfaller, Joseph | 1845 | 8 | Jan. | — | Verweser. |
| 12 | Großalfalterbach (z. Z. erledigt) | Haberl, Xaver | 1846 | 12 | Mai | — | Verweser. |

VII. Distrikts-Schulinspection Herrieden. (S. 31.)

| 16 | Ornbau, 1. Schule | Rupp, Simon | 1823 | 16 | Dez. | 1851 | |

IX. Distrikts-Schulinspection Kipfenberg. (S. 32.)

| 14 | Kirchanhausen | Geyer, Alois | 1846 | 9 | Febr. | — | Gehilfe. |

X. Distrikts-Schulinspection Scheinfeld. (S. 32.)

| 3 | Erlabrunn (z. Z. erl.) | Stammler, Georg | 1848 | 2 | Mai | — | Verweser. |
| 5 | Kornhöfstadt | Heß, Friedrich | 1838 | 24 | Febr. | 1863 | |

*) Unter Umgangnahme von der Errichtung einer höheren Bürgerschule.

Register der mittelfränkischen Schulorte.

Namen-Register

der

Lehrer an den deutschen Schulen in Mittelfranken.

Eberharbt, Johann Fr. Ernst 17.
Eberlein, Friedrich Wilhelm 1.
Eberlein, Johann Paul 12.
Eberlein, August 35. 12.
Ebner, Friedrich 11.
Ebert, Georg 14. 27.
Ebert, Joseph 17.
Eckarbt, Johann Christ. 19.
Ederbt, Johann Christ. 5.
Eckerlein, Daniel 12.
Eber, Anton 28. 42.
Effert, Heinrich 17.
Ehrlein, Andreas Christoph 20.
Eichhorn, Franz 2. 41. 42.
Eichhorn, Johann Peter 4.
Eichhorn, Theodor 29.
Eichner, Michael Friedrich 12. 37.
Einfalt, Christian 24.
Eisen, Theodor 18. 27.
Eisemann, Hirsch 13.
Eizinger, Johann Friedrich 37.
Elbinger, Thomas 35.
Emmerling, Johann Simon 5.
Emmerling, August 6.
Enderlein, August 1.
Endres, Johann 18.
Endreß, Johann Emanuel 8.
Endreß, Georg Michael 11.
Engelharbt, Valentin 31. 39.
Enzenberger, Johann Karl Christ. 18.
Eppenauer, Joseph 29.
Eppenauer, Heinrich 31. 39.
Eppenauer, Karl 31.
Ernst, Georg 7.
Eschenbacher, Jakob 23.
Eßlinger, Johann Friedrich 19.
Eßlinger, Ludwig 26.
Etschel, Johann Abam 25 34.

Falch, August 13.
Falch, Johann Jakob 16.
Faußner, Johann Nepomuk 32.
Federlein, Georg Konrad 20.
Federlein, Gottlieb 34.
Fehlhammer, Ludwig 4.
Fehr, Christoph Andreas 18.
Feist, Heinrich 5.
Fensterer, Anselm 33.
Fettinger, Georg Friedrich 21.
Feuchtenberger, Johann Abam 10.
Feuchtenberger, Jakob 18.
Feuchtenberger, Johann Georg 23. 37.
Feuret, Mar 38. 44.
Fid, Johann 2.
Fikenscher, Konrad Friedrich 5.
Fikenscher, Johann Konrad 9.
Fikenscher, Karl 14.
Fikenscher, Christoph 19.
Fikenscher, Friedrich 22.

Fikenscher, Heinrich 25.
Fink, Michael 12 37.
Finkenberger, Leonhard 22.
Fischer, Johann Abam 12.
Fischer, Johann Georg 12.
Fischer, Friedrich 13.
Fischer, Anton 32.
Fischer, Joseph 2.
Fischer, Johann Michael 26.
Fleichaus, Johann Michael 14.
Fleischmann, Friedrich 1.
Fleischmann, Johann Christian 2.
Fleischmann, Franz Sales 30.
Fleischmann, Heinrich 3.
Fleischmann, Georg 23. 38.
Frank, Andreas 4.
Frank, Eisenmann 15.
Freimann, Johann Georg 5.
Frauenknecht, Johann Konrad 27.
Frieß, Johann Leonhard 16.
Frieß, Georg Friedrich 21.
Frieß, Johann Nicolaus Friedrich 23.
Frieß, Leonhard 26.
Frieß, Johann Friedrich 27.
Fröhlich, Georg 28.
Fronmüller, Wilhelm 34.
Frühwald, Johann 12.
Fuchs, Johann Nicolaus 5.
Fuchs, Georg 29.
Fuchs, Stephan 29.
Funk, Georg 18.
Funk, Georg Michael 25.

Gagstetter, Gustav 23. 37.
Galsterer, Leonhard 34.
Ganser, Johann 25. 42.
Ganzer, August 12.
Ganzer, Johann Georg 16.
Gaß, Peter 33.
Gassenmeyer, Johann 8. 38.
Gaßner, Johann Anbreas 17.
Gast, Johann 29.
Gatterer, Johann Lorenz 4.
Gebert, Johann Friedrich 25.
Gebharb, Konrad 32.
Gebharbt, Johann Konrad 11.
Gebharbt, Konrad 28. 39.
Gebharbt, Johann Heinrich 30.
Gebharbt, Sigmund 32.
Gebharbt, Johann Baptist 31. 39.
Gebharbt, Johann 20.
Gebharbt, Johann 28.
Gebharbt, Johann 35.
Gebharbt, Georg Wilhelm 22. 42.
Geiersbach, Karl Fribolin 12.
Geiger, Johann Georg 4.
Geißler, Gottfried Christoph 3.
Geist, Georg 10.
Gemperl, Leonhard 30.

Gerstner, Franz 31.
Geubenberger, Wilhelm 21.
Geyer, Franz 32.
Geyer, Alois 32. 39. 44.
Giel, Georg Wilhelm Ferdinand 7.
Giel, Johann Jakob 24.
Gießberger, Leonhard 18.
Girbinger, Joseph 29.
Göbel, Johann Balthasar 21.
Göbel, Johann Georg Christ. 23.
Görner, Georg Ferdinand 7.
Göß, Albrecht Theodor Heinrich 20.
Göß, Johann Wilhelm 19.
Goppelt, Leonhard 9. 38.
Gorbt, Joseph 29. 39.
Gorbt, Ludwig 33.
Graf, Johann Jakob 13.
Graf, Leonhard 11.
Grau, Johann Wolfgang 18. 36.
Grau, Johann Konrad 20.
Greiner, Georg Nicolaus 20.
Griesbauer, Michael 32.
Griesbeck, Joseph 2.
Grillenberger, Georg Friedrich Adam 9.
Grillenberger, Georg 10. 37.
Grimm, Georg 17.
Gröschel, Friedrich 35.
Grötsch, Georg 14.
Grosch, Friedrich 38.
Grübel, Johann 26.
Gruber, Johann Georg 23.
Guggenberger, Leonhard 29.
Gundel, Johann Georg Konrad 11.
Gundermann, Joseph 32. 42.
Gutmann, Michael Friedrich 5.

Haag, Johann Georg 7.
Haas, Georg Bernhard 11.
Haas, Johann Michael 27.
Haas, Heinrich 24. 39.
Haberl, Franz Xaver 32. 44.
Hacker, Thomas 5.
Häberlein, Joseph 33.
Häberlein, Franz 39. 40.
Hämmel, Karl Theodor 27. 36.
Hämmel, Johann Ludwig 26.
Häßlein, Christian 22.
Häßner, Konrad 3.
Häupler, Johann Leonhard 5.
Häupler, Johann Gottlieb 6.
Hasenrichter, Wilhelm 3.
Härteiß, Johann Karl 29.
Haffner, Anton Friedrich 16. 41.
Hafner, Andreas 29.
Hagenborn, Friedrich 11. 38.
Halle, David 33.
Hammelbacher, Johann Christian 10.
Hammelsbacher, Johann Leonhard 12.
Hammer, Wilhelm 5.

Hammer, Friedrich Wilhelm 14.
Hammer, Konrad 13.
Hammer, Wilhelm 7.
Hammer, Georg 11.
Hammer, Wilhelm Ludwig 13.
Hammer, Karl 18.
Hammer, August 23.
Hammer, Heinrich 23.
Hammerbacher, Johann Christian 10. 37.
Hannamann, Georg Friedrich 26.
Harth, Georg 30.
Hartmann, Johann Georg 13. 41.
Hartung, Franz 32.
Haß, Johann Martin 10.
Hauenstein, Konrad 9.
Hauer, Erdmann 10. 37.
Hauerstein, Matthias 28.
Hauerstein, Christian 16. 38.
Hauser, Johann Karl Gottlieb 14. 41.
Hauser, Theodor Karl 20.
Haußleiter, Karl 6.
Hausmann, David 16.
Haupt, Paulus 32.
Hautsch, Friedrich 16. 38.
Heckel, Johann 25.
Heckel, Julius 17.
Heckel, Leonhard 21.
Heckel, Wilhelm 12. 41.
Heckl, Adam 33.
Heerwagen, Johann 17.
Heiligenbrunn, Heß 14.
Heinkel, Johann Jakob 22.
Heinlein, Karl Friedrich 3. 41.
Hell, Michael 29.
Heller, Ernst Albert 14.
Helmreich, Johann 15.
Hemmeter, Johann Leonhard 13.
Hennig, Jakob Friedrich 11.
Herbst, Johann Lorenz 5.
Herbst, Ludwig 5.
Herrlein, Georg Michael 31.
Herrmann, Johann Michael 25.
Hertlein, Georg 17. 36.
Hertlein, Johann Thomas 19.
Herzog, Max 29. 39.
Herzog, Max 30.
Heß, Friedrich 28. 44.
Heß, Franz Anton 31.
Hessel, Johann Karl 9.
Heubel, Johann Simon 6.
Heumann, Johann Simon 18.
Heuner, Friedrich 1.
Heuner, Eugen 6. 34.
Heyer, Johann Christian 13.
Hiller, Johann Konrad 12.
Hilpmann, Johann Lorenz 1.
Hilpmann, Johann Georg 17. 41.
Himmler, Leonhard 38.

Rank, Georg 20. 36.
Rappolt, Franz 32. 42.
Ratz, Johann Philipp 24.
Rauch, Johann Baptist 32.
Rauscher, Johann Baptist 30.
Reber, Andreas 33.
Reeg, Leonhard 30.
Reeg, Johann Anton 33.
Regelsberger, Karl Friedrich 21.
Reichert, Johann 26.
Reif, Johann Andreas 9.
Reiger, Georg Friedrich 16.
Reizmann, Peter 9.
Remberger, Michael 33.
Reuter, Georg Leonhard 16.
Reuter, Johann Martin 24.
Reuter, Johann Friedrich 25.
Reuther, Wilhelm 6.
Riebel, Heinrich 16. 39.
Riebel, Johann Georg 19. 36.
Riebner, Johann Michael 6.
Ries, Konrad 21. 36.
Ringler, Johann Georg 5.
Ringler, Eduard 6.
Rippel, Johann Peter 19.
Rittelmeyer, Karl Friedrich 15.
Ritter, Marcophilus 30.
Ritter, Ludwig 33.
Ritz, Lorenz 30.
Ritz, Karl 33. 39.
Rirner, Paul 30.
Rögner, Konrad 18.
Römhildt, Karl 18.
Rösch, Stephan 9.
Rösch, Martin 9.
Rogner, Johann Philipp 10.
Rohmeder, Andreas Ferdinand 7.
Rohmeder, Wilhelm 35.
Rohn, Johann Sebald Eugen 14. 41.
Rohn, Johann Leonhard 27.
Rosa, August 4.
Rosa, Georg Thomas 20.
Rosa, Johannes 24.
Rosenhauer, Friedrich 6.
Rosenthaler, Marx 1.
Rotz, Michael 13.
Roth, August 36. 40.
Roth, Johann Lorenz 8.
Roth, Johann Georg 8.
Roth, Ferdinand 14. 19.
Rothgang, Friedrich Wilhelm Ernst 3.
Rothmund, Johann Wilhelm 21.
Rotter, Nicolaus 30.
Rotter, Karl 32.
Ruder, Johann 4.
Rudelsberger, Friedrich 8.
Rudolphi, Karl 13. 36.
Rüdinger, Ferdinand 16.
Rüdinger, Wilhelm 22.

Rüger, Christian 13.
Rüttiger, Kaspar 12.
Ruhl, Michael 26. 39.
Rummel, Johann Kaspar 24.
Rupp, Simon 28. 44.
Rupp, Christian 18. 38.
Ruppert, Karl 29. 39.
Rupprecht, Konrad 4.
Rupprecht, Johann 5.
Rußer, Willibald 30.
Ruyter, Johann Karl David 10.
Ruyter, Karl Friedrich 15.

Sägmüller, Johann Leonhard 13.
Salffner, Heinrich 35.
Salffner, Karl 15. 38.
Salffner, Johann Gottlieb 15.
Salffner, Karl Friedrich Julius 19.
Salffner, Ludwig Herrmann 22.
Salffner, Georg Adam 22.
Salffner, Eduard 34.
Salfner, Johann Martin 14.
Salfner, Georg Friedrich 14.
Sambach, Lothar 24.
Satzinger, Johann Michael 25.
Sauerader, Georg 24. 42.
Sauermann, Johann Paul 19.
Sauermann, Johann 19. 37.
Sauermann, Georg 24.
Sauernheimer, Johann Paul 25.
Schäblen, Georg Leonhard 13.
Schäblen, Georg Karl 17.
Schäblen, Karl 27. 38.
Schäfer, August 20.
Schäfer, Johann Adam 23.
Schäfer, Johann 40.
Schäffer, Leonhard 7.
Schäffer, Johann 11.
Schärtel, Joseph 13. 39.
Schärtel, Peter 27.
Schall, Johann Georg 13. 41.
Schanber, Franz Seraphim 33. 42.
Schaumberg, Eugen 22.
Schebel, Johann 31.
Scherer, Karl Friedrich 5.
Scherer, Johann Georg Simon 6.
Scherer, Georg Leonhard 15.
Scherer, Johann 23.
Scherzer, Georg Michael 15.
Schienagel, Johann Christ. Jakob 4.
Schiener, Georg 33.
Schierer, Johann Georg 19.
Schierlitz, Franz 32.
Schiffer, Sebastian 31. 39.
Schilffarth, Heinrich Karl 12. 41.
Schilffarth, Ludwig 14. 37.
Schilffarth, Karl Albrecht 17. 41.
Schilffarth, Georg Thomas 19.
Schilffarth, Johann Wilhelm 21.

Stern, Georg 10.
Sterner, Matthäus 39. 40.
Stiefel, Eduard 3.
Stiefel, Johann Georg Matthias 27.
Stieglitz, Johann Leonhard 5.
Stöhr, Wilhelm 18.
Stolberg, Julius 8.
Strauß, Johann Michael 9.
Strauß, Georg 10. 41.
Strauß, Johann Konrad 26.
Strebel, Leonhard 15. 38.
Strobel, Johann Michael 32.
Strobel, August 33.
Strobel, Georg 17.
Strobel, Friedrich Wilhelm 23.
Ströbel, Johann Martin 10.
Ströbel, Johann Georg 22.
Ströbel, Johann Wolfgang 24.
Sturm, Paul 1.
Sturm, Georg Michael 28.
Sturm, Johann 31. 39.
Sturm, Wolfgang 33.
Stucklauser, Leonhard 24.
Süß, Georg 16.

Tauber, Johann 23.
Tauser, Johann 7.
Teufel, Friedrich 26. 39.
Theuerner, Johann Heinrich 17.
Theuerner, Friedrich 35. 17.
Thiel, Georg 29.
Thoma, Georg 17.
Thoma, Jakob 25.
Thoma, Johann 26.
Trautner, Johann Heinrich Karl 12.
Treiber, Karl 15.
Treu, Johann Christian 16.
Treuheit, Johann Leonhard 9.
Treuheit, Michael 10.
Turtur, Ludwig 24.

Uebler, Konrad 19.
Uebler, Julius 19. 37.
Uhl, August 18. 41.
Uhl, Johann Georg 18.
Ulrich, Georg 30.
Ullrich, Xaver 29.
Uscholb, Karl 28.

Vech, Johann Michael 26.
Veith, Silverius 28.
Veith, Johann 30.
Veith, Raimund 31.
Veith, Philipp 31.
Völkel, Michael 4.
Völkel, Karl 25.
Vogel, Johann Georg 14.
Vogel, Konrad 11. 36.
Vogel, Georg Max 13. 36.

Vogel, Heinrich 18.
Vogel, Johann Paulus 24.
Vogelhuber, Lorenz 8.
Vogt, Heinrich 25. 38.
Vogt, Friedrich 26. 39.
Vogtherr, Friedrich 11. 43.
Vogtherr, Georg Sigmund 14.
Vogtherr, Franz 34. 40.
Vogtherr, Georg Friedrich Philipp 20.
Vogtherr, Johannes 22.
Volkert, Georg 36.
Vollnhals, Martin 7.

Wagner, Georg Leonhard 4.
Wagner, Konrad 4.
Wagner, Georg Wilhelm 7.
Wagner, Leonhard 37.
Wagner, Karl 21. 39.
Waizmann, Joseph 28.
Waizmann, Jakob 31.
Walchshöfer, Johann 10.
Walter, Karl 24.
Walther, Johann 5.
Walzer, Ferdinand 10.
Wanderer, Johann Christian 18.
Wartlig, Johann Konrad 26.
Weber, Johann Daniel Friedrich 9.
Weber, Ernst 35.
Weber, Konrad 18. 35.
Wecker, Karl 7.
Wehr, Andreas 36.
Weichselfelder, Paul 15.
Weigandt, Johann Michael 4.
Weigl, Joseph 29. 35.
Weinberger, Karl Eugen 5.
Weinländer, Friedrich Christian 16.
Weinrich, Christian 7.
Weiß, Johann Simon 1.
Weiß, Johann Christian 9.
Weiß, Friedrich 10. 35.
Weiß, Georg Leonhard 11.
Weißbeck, Andreas 12.
Weislein, Johann Georg 21.
Weißmann, Georg 13.
Weißmann, Mendel Moses 20.
Weirelbaum, Georg 23.
Weller, Johann Baptist 30.
Weller, Paul 32.
Wendler, Johann Georg Philipp 15.
Werner, Karl Friedrich Wilhelm 10. 36.
Werner, Johann Friedrich 18.
Werzinger, Marquard 31.
Wettschurek, Matthias 5.
Wich, Anton 7.
Wiedmann, Martin Simon Heinrich 12.
Wießmeyer, Balthasar 10.
Wiesmath, Paulus 25. 35.
Wiesmath, Konrad 25. 42.
Wild, Karl 1.

Nachtrag zu Seite 43 und 44.

Nr.	Schulen.	Namen der Lehrer.	Geburtszeit.			Jahr der Anstellung.	Bemerkungen.
			Jahr.	Tag.	Monat.		

II. **Distrikts-Schulinspection Ansbach.** (S. 10 u. 43.)

| 2 | Brodswinden | Oppel, Konrad | 1848 | 9 | Febr. | — | Verweser. |

XIII. **Distrikts-Schulinspection Hersbruck.** (S. 17 u. 44.)

| 8 | Happurg, 2. Schule | Lindner, Johann Wolfgang | 1843 | 10 | Juli | 1867 | Provisor. |